기술직공무원 전공모의고사

합격해

vol.1

식품위생

최종모의고사 ⑩

기술직공무원 전공모의고사

합격해 vol.1
식품위생
최종모의고사 ⑩

2판 1쇄   2024년 5월 10일

편저자_ 장미
발행인_ 원석주
발행처_ 하이앤북
주소_ 서울시 영등포구 영등포로 347 한독타워 11층
고객센터_ 1588-6671
팩스_ 02-841-6897
출판등록_ 2018년 4월 30일 제2018-000066호
홈페이지_ gosi.daebanggosi.com

ISBN_ 979-11-6533-478-9

정가_ 11,000원

기술직 공무원 시험을 준비하는 분들의 고민들 중 하나가 바로 제대로 된 문제집을 선택하는 것입니다. 수험생 여러분의 이러한 고충을 지켜보면서 적중률에 완벽을 기하면서도 핵심적인 내용으로 구성된 문제집을 만들고자 부단히 노력하였습니다.

본교재의 특징은 다음과 같습니다.

1. 출제경향을 반영한 기출동형 모의고사

출제빈도가 높았던 영역과 앞으로 출제 가능성이 높은 부분을 중심으로, 기출의 유형을 최대한 반영한 문제들로 구성하여 스스로 모의시험을 치를 수 있도록 연구하였습니다. 또한 권말의 OMR 답안지를 활용하여 최대한 실제 시험과 같은 환경에서 문제를 풀어보기를 권합니다.

2. 충분한 문제풀이 연습

총 10회의 모의고사를 실어 충분한 문제풀이 연습을 할 수 있도록 하였습니다. 이 책은 시험을 목전에 둔 수험생들에게는 그동안 공부한 내용을 마무리 지을 수 있는 마침표가 될 것입니다. 또한 새로 공부를 시작하는 수험생들에게도 시험의 경향을 파악하고 본인의 실력을 가늠해 볼 수 있는 좋은 길잡이가 될 것입니다.

3. 이해 중심의 확실한 해설

문제 해결 방법을 익힐 수 있도록 이해 중심의 확실한 해설을 수록하였습니다. 틀리지 않은 문제일지라도 해설을 확인한 후 자신이 생각했던 것과 풀이한 내용이 일치하는지 확인하여야 하고, 틀린 문제의 경우 바로 해설을 확인하지 말고 스스로 정답을 다시 찾아본 후 해설을 확인하여 이후에 유사한 문제를 접했을 때 충분히 대비할 수 있도록 해야 합니다.

본 문제집은 인생의 터닝 포인트에 서 있는 여러분의 간절함과 긴박함을 돕고 싶은 마음의 표현이기도 합니다. 무엇보다 뜨거운 열정으로 합격이라는 도착점에 도달할 때까지 길고 긴 여정을 묵묵히 걸어가는 수험생 여러분들께 진심 어린 격려의 박수를 아낌없이 보내 드리며, 건승하시길 진심으로 바랍니다.

'전공모의고사 합격해' 저자 일동

Overview
구성과 특징

Point 1

출제경향을 반영한 기출동형 모의고사!

과년도 출제경향을 꼼꼼히 분석하여
기출동형으로 구성한 모의고사 문제집입니다.
출제가능성이 높고 핵심적인 문제들로
구성하였습니다.

Point 2

이해중심의 확실한 해설!

이해 중심의 확실한 해설로
문제 해결 방법과 전략을 익힐 수 있고
틀린 문제의 원인을 확실하게 파악하고
넘어갈 수 있도록 집필하였습니다.

Point 3

답안지 작성 연습까지 완벽하게!

공무원 시험은 시간 배분이 중요합니다.
권말에 수록한 OMR 답안지를 활용하여
실전과 같은 시험시간 안에
답안지 작성 연습까지 진행하세요.

Contents
차례

OMR 답안지

합격해

식품위생

전공모의고사
vol.1

문제편

제1회 최종모의고사

01. 소독과 살균의 개념 및 특성에 대한 설명으로 옳지 않은 것은?

① 병원균을 소독할 때 감염경로, 외부의 저항성, 소독물의 특성 등을 고려해야 한다.

② 소독법 중 즉시 소독법은 환자가 완치 퇴원하거나 사망 후 감염원을 완전히 제거하는 방법을 말한다.

③ 소독은 대상물 중의 병원미생물만 제거하여 감염될 위험성을 제거하는 것으로 통상 비병원균이나 세균 아포가 생존하는 경우가 많다.

④ 멸균은 목표로 하는 물체 중에 함유되어 있는 모든 미생물을 제거하여 무균상태로 만드는 것이다.

02. 유독성분의 원인식물 및 특징을 바르게 연결한 것은?

① 은행 – 메틸피리독신 – 알레르기성 피부염

② 알광대버섯 – 팔린 – 배당체, 열에 불안정

③ 고사리 – 프타퀼로사이드 – 발암성, 내열성

④ 감자 – 알레르겐 – 알칼로이드 배당체, 내열성

03. 폴리염화디벤조 다이옥신(PCDD)에 대한 설명으로 옳은 것은?

① 2개의 벤젠고리가 2개의 산소와 결합하여 3개의 고리구조를 지니며, 화학적으로 매우 안정한 단일물질이다.

② 생식과 면역력이 떨어지는 내분비계 장애물질이다.

③ 다이옥신의 생성량을 줄이기 위해서는 850℃ 이하의 온도로 소각해야 한다.

④ 돼지고기에서 다이옥신 검출기준은 3.0pg TEQ/g fat 이하로 설정되어 있다.

04. 사용목적에 따라 식품첨가물을 연결한 것으로 옳은 것은?

① 식품의 손실된 영양소를 복원 – 아스코빌 팔미테이트

② 식품의 색을 제거 – 과산화초산

③ 식품의 색도 유지 – 메타중아황산나트륨

④ 섞이지 않는 두가지 상을 섞어주기 – 몰포린지방산염

05. 식품의 제조 · 조리 · 가공 중에 생성되는 유해물질과 관련된 식품을 잘못 연결한 것은?

① 메탄올 – 탁주

② 다환방향족 탄화수소 – 어류

③ 페오포바이드 – 클로렐라제제

④ 아크릴아마이드 – 시리얼

06. 각각의 표시기준에 따라 대상 식품을 연결한 것으로 틀린 것은?

① 원산지 표시대상 식품 – 염소고기, 양고기, 꽃게, 고춧가루
② 나트륨 함량비교 표시대상 식품 – 햄버거, 샌드위치, 국수
③ 영양표시 대상식품 – 빙과, 면류, 초콜릿류
④ 알레르기 유발물질 표시대상 식품 – 우유, 땅콩, 새우, 낙지

07. 캠필로박터(*Campylobacter*) 식중독에 대한 설명으로 옳지 않은 것은?

① 사람에게 식중독을 유발하나 소나 염소에 감염성 유산을 일으키고, 가축에게 태반염과 설사증을 일으킨다.
② 과거에는 *Vibrio fetus*로 알려져 있었다.
③ 10^3 이하의 소량균주로도 감염이 가능하고, 설사, 복통, 두통, 구토 등을 유발하나 발열은 없다.
④ 저온살균으로 사멸 가능하고, 건조에 약하므로 쉽게 사멸된다.

08. 다음은 간흡충의 생활사를 나타낸 것이다. (㉠) 안에 들어갈 말은?

> 알 → ( ) → ( ) → (㉠) → ( ) →
> 피낭유충 → 성충

① 유미유충
② 유모유충
③ 레디유충
④ 포자낭유충

09. 병원성 미생물 분리배지에 대한 설명으로 옳지 않은 것은?

① 살모넬라균은 유당을 분해하지 못하므로 SS 배지에서 중심부는 검은색이고 무색인 집락을 나타낸다.
② 황색포도상구균은 만니톨을 분해하므로 난황첨가 만니톨 식염한천배지로 분리한다.
③ 여시니아균은 맥콩키한천배지에서 유당 분해집락을 선별한다.
④ 장염비브리오균은 TCBS 배지에서 녹색을 나타낸다.

10. 카드뮴(Cd)에 대한 설명으로 옳지 않은 것은?

① 지용성이 커서 소화관과 폐에 흡수가 잘되며, 중추신경계와 태아조직에 농축되어 독성을 나타낸다.
② 체내로 들어온 카드뮴은 쉽게 배설되지 않고 생물학적 반감기가 길기 때문에 나이가 들수록 체내 축적량은 증가하게 된다.
③ 카드뮴은 SH기와 결합하기 쉽고 사람의 간에 있는 여러 가지 효소의 활성을 저해하여 해독작용을 방해할 뿐만 아니라 신장에 대한 독성도 강하다.
④ 대표적인 중독사건이 일본의 Itai itai 병의 유래이다.

11. 곰팡이독을 생성하는 곰팡이와 생성된 독소로 인한 중독증상의 특징을 바르게 설명한 것은?

① 탄수화물이 풍부한 곡류에 압도적으로 발생하며, 계절과 관련성은 비교적 적다.
② 수분활성도 0.9 이상에서 생육하는 호습균에는 *Alternaria*, *Botrytis*, *Fusarium* 속 등이 포함된다.
③ mycotoxin은 곰팡이가 생산하는 2차 대사산물로 열에 안정하나 가공과정에서 쉽게 분해되므로 잔류하지는 않는다.
④ 원인식품에서 곰팡이가 분리되며, 사람에서 사람으로 2차 감염될 수 있다.

12. 다양한 식품의 변질을 유발하는 원인균주를 바르게 연결한 것은?

① 우유의 황변 – *Pseudomonas synxantha*
② 통조림 무가스산패 – *Bacillus subtilis*
③ 식빵의 점질화(rope) 현상 – *Serratia marcescens*
④ 쌀밥의 변질 – *Streptococcus lactis*

13. 식중독 원인균주의 형태학적 특성 및 사멸조건을 옳게 나열한 것은?

	식중독	그람 염색	산소 요구성	편모	사멸 조건
①	살모넬라	음성	통성 혐기성	주모성 편모	50℃, 20분
②	여시니아	양성	통성 혐기성	편모 있음	75℃, 3분
③	캠필로박터	음성	미 호기성	편모 없음	60℃, 30분
④	보툴리누스	양성	편성 혐기성	주모성 편모	121℃, 4분

14. 식품의 오염 지표균에 대한 설명으로 옳지 않은 것은?

① 오염 지표균은 장관 유래여야 하며, 분변과 관련 없이 자연적 오염균으로 존재하지 않는 것이 좋다.
② 냉동식품의 오염정도를 검정할 때 저온 저항성이 상대적으로 강한 장구균을 지표균으로 정한다.
③ 식품에 소화기계 감염병균이나 식중독균의 공존 가능성을 시사한다.
④ 사람과 동물의 분변중에 다량 존재해야 하며, 체내에서 배출된 후 병원균보다 짧게 생존해야 한다.

15. 유전자변형식품(GMO)에 대한 설명으로 옳지 않은 것은?

① 최초의 유전자변형토마토(플레이버 세이버)는 안티센스 방법에 의해 개발되었다.
② 유전자변형식품임을 표시하지 아니한 경우, 5년 이하의 징역 또는 5천만원 이하의 벌금에 처하거나 병과된다.
③ 원재료에는 가공보조제, 부형제, 희석제, 안정제의 용도로 사용한 것은 제외한다.
④ GMO 표시대상 농산물에는 대두, 옥수수, 카놀라, 면화, 사탕무, 알팔파 등이 해당된다.

16. 면역(immunity)이란 사람과 동물의 생체가 자신과 이물질을 식별해서 이물질을 배제하기 위해 일으키는 세포성 반응으로 정의된다. 다음 중 면역에 대한 설명으로 옳지 않은 것은?

① 이물질로서 인식되는 물질을 항원(antigen)이라 하고, 항원에 대해서 세포는 특이적으로 항체(antibody)를 생산한다.
② 태아가 모체로부터 태반이나 수유를 통해 받은 면역을 자연능동면역이라 한다.
③ 부모로부터 태어나기 전에 물려받은 강한 면역을 선천성 면역이라 한다.
④ 백신을 접종한 사람이나 동물 자신의 체내에 항체가 만들어지는 것을 능동면역, 획득면역이라 한다.

17. HACCP 의무적용 대상식품이 아닌 것은?

① 캔디류
② 냉동만두류
③ 즉석섭취식품
④ 코코아가공품

18. 산화방지제에 대한 설명으로 옳지 않은 것은?

① BHT는 지용성으로 다른 산화방지제에 비하여 빛이나 가열에 대하여 안정하며 금속이온에 의한 착색이 일어나지 않는다.
② 몰식자산프로필은 금속이온과 강한 킬레이트화합물을 형성하여 산화촉진을 억제한다.
③ 에리토브산은 아스코브산의 입체이성체로 환원성이 강하고 열이나 빛에 약하다.
④ 아스코빌팔미테이트는 비타민 C의 효력을 지니면서 유지에 사용되며, 비타민 C와 달리 신맛이 없는 것이 특징이다.

19. 위해평가의 절차 및 내용에 대한 설명으로 옳지 않은 것은?

① 위험성확인 → 위험성결정 → 노출평가 → 위해도 결정 순서로 시행한다.
② 위해도 결정은 위험성 확인과정, 위험성 결정과정 및 노출평가과정의 결과를 종합하여 해당 식품등이 건강에 미치는 영향을 판단하는 것이다.
③ 노출평가는 물리화학적 성질, 동물독성자료 등을 바탕으로 인체에 노출 허용량을 산출하는 과정이다.
④ 위해요소가 인체에 노출된 양을 산출하는 것이 노출평가과정이다.

20. 다음 〈보기〉는 세균성 식중독 중 하나의 예방대책이다. 〈보기〉에서 설명하는 식중독의 원인균은?

─── 〈 보기 〉 ───
돈육 취급 시 조리기구와 손을 깨끗이 세척·소독한다. 저온에서 생육이 억제되지 않으며 균이 0℃에서도 증식이 가능한 점을 고려할 때 냉장 및 냉동육과 그 제품의 유통과정에도 주의해야 한다.

① *Vibrio parahaemolyticus*
② *Campylobacter jejuni*
③ *Salmonella enteritidis*
④ *Yersinia enterocolitica*

제2회 최종모의고사

응시번호 _____ 성명 _____ 점수 _____ 점

01. 식품위생과 관련된 다양한 미생물의 특성에 대한 설명으로 옳은 것은?

① 식품에 오염된 세균은 발아법을 통하여 빠른 속도로 증식함으로써 식품의 부패 및 식중독 사고의 주요인으로 작용하고 있다.

② 효모는 알코올 제조 및 제빵 등에 이용되며, 이들의 균체는 식용, 사료용 단백질과 조미료, 비타민 등의 생산에도 다양하게 활용되고 있다.

③ 곰팡이는 형태가 효모보다 크지만, 사람의 육안으로 관찰이 불가능하며 가느다란 실 같은 형태의 균사(hypae)가 모여 균사체(mycelium)를 구성하고 있다.

④ 리케차는 바이러스보다 크기가 작고 원형, 타원형 등의 형태를 가지며, 증식법은 바이러스와 같이 생체 세포내에서만 증식할 수 있다.

02. 식품제조, 가공업소 및 집단급식업소의 시설에 대한 설명으로 옳은 것은?

① 일반작업지역 및 부대시설(창고, 탈의실)은 220 lux 이상의 조도를 유지해야 한다.

② 작업은 바닥으로부터 1.5m 이상의 높이에서 실시하여야 바닥으로부터의 오염을 방지한다.

③ 창의 면적은 벽 면적을 기준으로 할 때 70% 이상, 바닥면적을 기준으로 할 때는 20%로 하는 것이 좋다.

④ 심한 노동을 필요로 하는 작업 시 실내의 온도를 25℃ 이상으로 유지해야 한다.

03. 독성시험의 종류에 따른 목적을 연결한 것으로 옳은 것은?

① 아급성독성시험 – 화학물질의 양-영향 반응확인

② 만성독성시험 – 1일 섭취량 산출

③ 발암성시험 – 유전물질에 돌연변이 유발확인

④ 변이원성시험 – 태자의 발달 이상유무 확인

04. 알칼로이드 구조를 지닌 자연독 성분끼리 묶인 것은?

① muscarine, lycorine, ricinine

② solanine, temuline, atropine

③ hyoscyamine, cycasin, digitoxin

④ amanitatoxin, scopolamine, aconitine

05. 리스테리아(*Listeria*) 식중독에 대한 설명으로 옳지 않은 것은?

① 원인 균주는 그람양성의 통성혐기성 무아포 간균으로 편모는 주모성이고 최적온도는 30 ~ 37℃ 이다.

② *Listeria*는 자연계에 널리 분포하고 있으며, 특히 가축이 보균하고 있는 점에서 동물 유래 식품의 오염이 높고, 우유, 치즈, 식육을 통한 집단 발생이 일어나고 있다.

③ 건강한 성인에게도 흔히 일어나며, 패혈증, 수막염 등을 유발하여 치사율이 매우 높은 편이다.

④ 고염, 저온상태 등 식품의 제조 가공 및 유통환경에서 잘 적응하여 성장하기 때문에 각종 식품에 있어서 균의 오염 자체를 차단하는 것은 매우 어렵다.

06. 식품에 허용되지 않은 첨가물을 사용한 경우 나타날 수 있는 중독증상을 바르게 연결한 것은?

① 둘신 – 소화기능장애, 중추신경계 이상 유발, 혈액독, 방광암
② 붕산 – 소화작용의 저해, 두통, 위경련, 순환장애, 신장에 염증유발
③ 삼염화질소 – 체내에서 수산을 생성, 구토, 호흡곤란, 뇌와 신장에 장애유발
④ 승홍 – 체내의 -SH기와 결합하여 세포의 대사기능 저해, 사구체와 세뇨관에 변성 유발

07. 병원체에 따른 감염병을 바르게 분류한 것은?

① 인수공통감염병 – 바이러스 – 일본뇌염, 인플루엔자, 폴리오
② 인수공통감염병 – 세균 – 돈단독, 야토병, 페스트
③ 경구감염병 – 리케차 – 발진열, 쯔쯔가무시, 발진티푸스
④ 경구감염병 – 세균 – 파상풍, 파라티푸스, 성홍열

08. 다음 〈보기〉에서 설명하는 목적으로 사용되는 식품첨가물은?

──────── 〈 보기 〉 ────────

제분된 직후의 밀가루는 카로티노이드 등의 색소와 단백분해효소 등을 함유하여 품질 좋은 2차 제품을 얻기 어렵다. 따라서 밀가루의 표백과 숙성기간을 단축 시키고 제빵에 있어서 저해물질을 파괴함으로써 밀가루의 가공적성 등을 단기간에 향상시키기 위해 사용한다.

① L-히스티딘 염산염
② 아황산나트륨
③ 황산알루미늄칼륨
④ 아조디카르본아미드

09. 브루셀라증에 대한 설명으로 옳지 않은 것은?

① 원인균은 그람음성, 무포자의 나선형간균으로 활발한 운동성을 지닌다.
② 위생상태가 좋지 못한 지역에서는 여자와 소아에게 많이 발생한다.
③ 충분히 가열하지 않은 우유 등을 섭취함으로써 감염가능하다.
④ 불현성 감염도 많다.

10. 다음 〈보기〉에서 화학적 소독제의 사용농도를 바르게 설명한 것은?

──────── 〈 보기 〉 ────────

㉠ 차아염소산나트륨 – 식품접촉기구 – 100ppm 이하
㉡ 역성비누 – 손소독 – 원액(10%)을 100배로 희석하여 2 ~ 3분 이상 세척
㉢ 과산화수소 – 점막소독 – 0.3%
㉣ 크레졸 – 1 ~ 3% 비누액

① ㉠, ㉢
② ㉡, ㉣
③ ㉣
④ ㉠, ㉡, ㉢, ㉣

11. 식품위생 관련법령에서 규정한 사항으로 옳은 것은?

① 위해식품 등을 회수해야 하는 경우, 회수계획량의 3분의 1 이상 회수한 영업자의 행정처분이 영업정지라면 정지처분기간의 2분의 1 이하의 범위에서 정지기간을 경감 해준다.
② 식품 등을 제조·가공하는 영업자는 자가품질 위탁시험·검사기관에 위탁하여 실시할 수 없다.
③ 식약처장은 판매를 목적으로 하는 식품의 제조·가공·사용·조리·보존·방법에 관한 기준과 성분에 관한 규격을 정하여 고시한다.
④ 제조연월일은 포장을 포함한 더 이상의 제조나 가공이 필요하지 아니한 시점을 말하며, 소분판매하는 제품은 소분용 원료제품의 제조연월일로 한다.

12. 식중독 위험도 예측단계 중 '주의'에 해당하는 지수구간은?

① 55 ~ 70
② 51 ~ 85
③ 86 ~ 100
④ 71 ~ 85

13. 식품의 기준 및 규격에 고시된 곰팡이독 검출기준으로 옳은 것은?

① 식물성 원료 – aflatoxin B_1 – $15\mu g/kg$ 이하
② 사과주스 – patulin – $50\mu g/kg$ 이하
③ 수수 – fumonisin – $4\mu g/kg$ 이하
④ 제조·가공 직전의 우유류 – aflatoxin M_1 – $10\mu g/kg$ 이하

14. 유기농약에 대한 설명으로 옳지 않은 것은?

① 유기인제는 콜린에스터레이스 작용을 억제하여 아세틸콜린의 분해를 저해하므로 유독작용을 나타낸다.
② 유기농약은 모두 지용성으로 인체의 지방조직에 축적되어 만성독성을 유발한다.
③ 유기불소제는 체내에서 모노플루오르시트르산을 생성하여 독작용을 나타낸다.
④ 카바메이트제는 유기염소제의 대용품으로 만들어졌다.

15. 식품안전관리인증기준 적용업소에 대한 조사·평가 결과, HACCP 인증을 취소하는 경우는?

① HACCP 적용업소의 영업자가 인증받은 식품을 다른 업소에 위탁하여 제조·가공한 경우
② 영업자 및 종업원이 교육훈련을 받지 아니한 경우
③ 영업장 소재지 변경 시 변경신고를 하지 아니한 경우
④ 식품안전관리인증기준서에서 정한 제조·가공 방법대로 제조·가공하지 않은 경우

16. 지표미생물(indicator organisms)에 대한 설명으로 옳지 않은 것은?

① 지표미생물은 분변과의 관련성이 높고, 기타 병원성 균주들과 유사한 정도로 생존이 가능해야 한다.

② 식품 내 대장균군의 정량검사를 위해 유당배지법, BGLB 배지법, 데스옥시콜레이트 유당한천 배지법 등을 시행한다.

③ 대장균군에는 *Escherichia*, *Citrobacter*, *Enterobacter*, *Erwinia*, *Klebsiella* 등이 있다.

④ 대장균은 대장균군에 비해 고온에서 증식할 수 있는 특성을 근거로 분리배양한다.

17. N-nitroso 화합물에 대한 설명으로 옳지 않은 것은?

① 발암물질이며 간장애를 유발한다.

② 니트로소 화합물 생성은 비타민 C나 비타민 E 존재 시 저해될 수 있다.

③ N-nitrosamine은 가열처리에서는 함량이 저하된다.

④ N-nitrosamide는 pH 2 이상에서 불안정하여 조리 시 파괴된다.

18. 식품을 초기부패로 판정하는 기준이 옳은 것은?

① 휘발성 염기질소: $40 \sim 50mg\%$

② K값: $60 \sim 80\%$

③ 트리메틸아민: $30 \sim 40mg\%$

④ 생균수 검사: $10^5 \sim 10^6 CFU/g$

19. 살모넬라 식중독에 대한 설명으로 옳지 않은 것은?

① 원인균은 통성혐기성의 무아포간균으로 포도당을 발효하고 cytochrome 음성의 장내세균에 속한다.

② SS 배지 등을 사용하여 살모넬라 균주를 선별할 수 있으나, TSI 배지 등을 사용하여 확인하여야 한다.

③ *Sal. enteritidis* 나 *Sal. typhimurium* 에 감염된 쥐의 분변과 파리, 바퀴 등 위생곤충에 의하여 식품이 오염되기도 한다.

④ 발병률이 다른 식중독에 비해 낮고 치사율도 $0.3 \sim 1\%$로 높지 않다.

20. 동물성 자연독 성분의 원인어패류, 축적부위 및 증상을 연결한 것으로 옳지 않은 것은?

① gonyautoxin − 홍합 − 중장선 − 마비증상

② maitotoxin − 독꼬치 − 중장선 − 드라이아이스 센세이션

③ surugatoxin − 수랑 − 중장선 − 신경마비

④ tetramine − 조각매물고둥 − 타액선 − 구토, 두통, 시각이상

제3회 최종모의고사

응시번호 _____ 성명 _____ 점수 _____ 점

---

01. 다음 〈보기〉에 제시된 물질의 생성원인이나 문제점에 대한 설명으로 옳은 것은?

> ─── 〈보기〉 ───
>
> tetracycline, ampicillin, streptomycin, monensin

① 내분비 교란물질
② 용기·포장재에서 다량 용출
③ 식품제조 과정 중 생성
④ 내성균의 출현

02. 채소를 통하여 감염되는 기생충에 대한 설명으로 옳은 것은?

① 구충은 경피감염만 가능하므로 토양에 피부가 직접 노출되는 것을 피해야 한다.
② 동양모양선충은 구충과의 기생충으로 경구감염을 주로 하지만 간혹 경피로 감염된다.
③ 요충은 크기가 작은 흡충류로 항문주위에 산란하기 때문에 충란은 항문주위에서 발견된다.
④ 편충은 감염경로가 회충과 유사하므로, 충란의 저항성도 매우 강한 것으로 알려져 있다.

03. 노로바이러스 식중독에 대한 설명으로 옳은 것은?

① 원인균주는 캘리시바이러스과의 소형구형 바이러스로 껍질이 없는 single-stranded RNA를 지닌다.
② 10 virion으로도 발병가능하며, 잠복기는 2 ~ 7일로 매우 길다.
③ 예방백신을 접종하여 예방이 가능하다.
④ -20℃ 이하의 낮은 온도에서 장기간 생존하지만, 60℃에서 30분간 열처리 시 사멸 가능하다.

04. 식품의 변질을 방지하는 방법에 대한 설명으로 옳은 것은?

① 당장은 식품에 고농도의 당을 첨가하는 방법으로 서당보다 전화당이나 포도당이 저장효과가 크다.
② 산장은 식품에 독특한 향기와 광택을 주어서 기호성을 높이고, 건조에 따른 보존효과가 상승한다.
③ 가스저장은 산소를 높이고 이산화탄소의 농도를 낮춰 보존성을 높이는 방법이다.
④ 염장을 하게 되면 삼투압이 감소하여 수분활성이 높아지고 미생물의 생육억제가 일어난다.

05. 유해성 식품첨가물을 바르게 연결한 것을 고르시오.

① 황색의 유해 착색료 – auramine, amaranth, ρ-nitroaniline, naphtol yellow

② 설탕보다 200배 이상의 감미를 지닌 유해 감미료 – ρ-nitro-o-toluidine, perillartine, dulcin, neotame

③ 포름알데히드를 생성하는 유해첨가물 – rongalite, urotropin, sudan III

④ 유해 보존료 – borate, NaF, salicylic acid, picric acid, nitrofurazone

06. 경구감염병인 콜레라에 대한 설명으로 옳은 것은?

① 급성전신성열성 질환으로 잠복기가 6시간에서 5일로 짧고, 외래감염병이자 제2급 법정감염병이다.

② 원인균은 그람음성, 무포자의 콤마형 간균이며, 협막이 없고 식염이 없는 환경에서도 증식할 수 있다.

③ 열에 약하여 56℃에서 15분 가열시 사멸하나, 산이나 소독제에 대한 저항력은 강한 편이다.

④ 쌀뜨물 같은 심한설사를 동반하는 것이 특징이며, 종종 혈변을 일으키기도 하고 심하면 탈수현상으로 사망에 이른다.

07. 대장균군의 정성시험 과정을 설명한 것으로 옳은 것은?

① 정성시험 – 유당배지법, BGLB 배지법, 최확수법

② 추정시험 – 유당배지를 35 ~ 37℃에서 24±2시간 배양한 후 발효관내에 가스가 발생하면 추정시험 양성

③ 확정시험 – 가스 발생한 유당배지발효관으로부터 Endo 한천배지 또는 EMB 한천배지에 분리배양

④ 완전시험 – Endo 한천배지나 EMB 한천배지에서 배양된 전형적인 집락 1개를 표준한천배지에 접종하여 35 ~ 37℃에서 배양

08. HACCP 적용업소의 교육시간에 관한 규정을 옳게 연결한 것은?

① 정기교육(연2회) – HACCP 팀원 – 4시간

② 신규교육 – 영업자 – 16시간

③ 정기교육(연1회) – HACCP 팀장 – 4시간

④ 신규교육 – HACCP 팀장 – 8시간

09. 식품의 방사선 살균법(radiosterilization)에 대한 설명으로 옳지 않은 것은?

① Co^{60}은 침투력, 조사균일성, 용이성이 좋고 환경 유해성이 적어 실제로 식품조사에 주로 이용된다.

② 식품에는 10kGy 이하로만 조사 가능하며, 한번 조사한 식품에 재조사 하여서는 아니된다.

③ 방사선을 조사한 완제품의 경우 소비자가 알아보기 쉬운 곳에 12포인트로 조사처리 식품임을 표시해야 한다.

④ 바이러스는 감수성이 낮아 30kGy 이상 조사해야만 사멸할 수 있다.

10. 식품에 허용된 첨가물 중 산화방지제 용도로 사용이 불가능한 것은?

① tert-butyl hydroquinone
② tocopherol
③ sodium dehydroacetate
④ disodium ethylene diamine tetraacetate

11. Polychlorobiphenyl에 대한 설명으로 옳은 것은?

① 지용성이므로 인체의 지방조직에 축적되며 표적 장기는 간이다.
② 2개의 벤젠고리가 2개의 산소와 결합하여 3개의 고리를 가지는 구조이다.
③ polycarbonate와 epoxyphenolic 수지 생산의 원료로 사용된다.
④ 열가소성 수지 제조를 위한 가소제로 첨가된다.

12. 복어독의 특징이 아닌 것은?

① 신경접합부에 작용하여 자율·운동신경의 흥분 전도를 차단
② hemiacetal 환을 지니는 비단백독소
③ 산에 안정, 알칼리에 불안정
④ 가식부 100g당 80㎍ 이상인 지역에서는 섭취 금지

13. 식품위생 법령과 주관부서의 연결이 옳은 것은?

① 축산물 위생관리법 − 농림축산식품부
② 먹는물 관리법 − 식품의약품안전처
③ 주세법 − 기획재정부
④ 원산지표시법 − 식품의약품안전처

14. 식물성 자연독 성분 중 다른 하나는?

① zieren
② gossypol
③ cycasin
④ digitoxin

15. 보고대상 이물의 범위와 조사 및 절차 등에 대한 설명으로 옳지 않은 것은?

① 시·도지사 또는 시장·군수·구청장은 소비자로부터 이물 발견의 신고를 접수하는 경우 이를 식약처장에게 통보하여야 한다.
② 섭취과정에서 인체에 직접적인 손상을 줄 수 있는 이물은 일정크기 이상의 금속, 유리, 고무류 등이다.
③ 섭취과정에서 혐오감을 줄 수 있는 이물은 식약처장이 원인조사를 실시한다.
④ 이물의 발견을 거짓으로 신고한 자는 1년 이하의 징역 또는 1천만원 이하의 벌금에 처한다.

16. Pathogenic *E. coli*에 대한 설명으로 옳은 것은?

① 분변성 대장균군으로 오염지표균으로 이용되며, 유당을 분해하고 트립토판으로부터 인돌을 형성한다.

② 장관조직 침입성 대장균과 장관 독소원성 대장균은 장출혈성 대장균과 달리 다량의 균으로 발병한다.

③ 장출혈성 대장균은 쇠고기 분쇄육이 주 원인식품으로 사람 간 전파가 가능한 1급 법정감염병이다.

④ 장관 병원성 대장균은 잠복기가 9 ~ 12시간이며, 1세 이하의 신생아에게 주로 발열, 복통, 설사 등을 유발한다.

17. 식품위생감시원에 대한 설명으로 옳은 것은?

① 식약처장은 위생사, 식품기사, 영양사, 조리사 등의 자격을 갖춘 소속공무원 중에서 임명한다.

② 식품위생감시원으로 임명된 최초의 해에는 7시간 이상 직무교육을 받아야 한다.

③ 식품위생감시원은 표시기준 금지의 위반여부에 관한 단속을 수행할 수 있다.

④ 2년 이상 식품위생행정에 관한 사무에 종사한 경험이 있는 자를 식품위생감시원으로 임명할 수 있다.

18. 곰팡이(molds)에 대한 설명으로 옳지 않은 것은?

① 곰팡이의 번식은 균사와 포자에 의해서 이루어진다.

② 산소가 없는 상태에서는 증식하기 힘든 편성 호기적인 균주이다.

③ 식품의 변패에 관여하며 독소를 생성하여 식중독을 유발하기도 한다.

④ 대부분의 곰팡이는 약산성인 pH 4 ~ 6 사이에서만 증식이 가능하다.

19. 작업장의 위생관리에 대한 설명으로 옳은 것은?

① 냉장고는 식품온도를 5℃ 이하로 보존 시 사용한다.

② 검수 및 반입실, 배선대 및 세척 후 식기보관실은 청결구역이므로 오염구역과 구분해야 한다.

③ 조리된 음식을 배식 전까지 60℃ 이상에서 유지 시 5시간 이내에 섭취를 완료하면 된다.

④ 냉장고 맨 위 칸에는 조리된 식품을, 맨 아래 칸에는 생선을 저장한다.

20. *Fusarium* 속이 생성하는 독소로만 묶인 것은?

① diacetoxyscirpenol, fumonisin B_1, epicladosporic acid

② sporofusariogenin, moniliformin, 8-methoxy psoralen

③ ergotamine, sporidesmin A, F-2 toxin

④ T-2 toxin, alternariol, zearalenone

제4회 최종모의고사

응시번호_____ 성명_____ 점수_____점

01. 다음 〈보기〉에서 설명하는 분석법은 어떤 식품을 검출하기 위한 시험법인가?

> ─── 〈보기〉 ───
>
> 이온화 조사처리는 세포의 유전자 손상을 일으키며 이러한 유전자의 손상된 정도를 단일세포의 마이크로젤 전기영동법을 이용하여 코메트세포를 측정함으로써 검지하는 방법

① 유전자 변형식품
② 방사선 조사식품
③ 돌연변이원성 식품
④ 알레르기 유발식품

02. 동물성 자연독 식중독에 대한 설명으로 옳은 것은?

① Saxitoxin(STX)은 마비성 조개중독의 원인독소로 가열과 산에 안정하고 치사율은 44 ~ 55%로 매우 높다.
② 모시조개, 바지락, 굴 등의 섭취로 중독될 수 있는 유독성분인 pectenotoxin은 섭취 후 4시간 이내에 설사를 주요증상으로 하는 구토, 복통 등이 유발될 수 있다.
③ Venerupin에 중독될 경우 소화기계 증상 및 전신마비, 호흡곤란, 온도위화감 등의 중독증상이 나타나고 치사율은 낮으나 경우에 따라 사망하기도 한다.
④ 전복류의 중장선에 함유된 pheophorbide를 다량 섭취한 후 햇빛을 쬐면 화상을 입은 것과 같은 광과민증이 유발된다.

03. 자외선 조사법에 대한 설명으로 옳지 않은 것은?

① 살균력이 가장 강한 파장은 $2,537 \text{Å}$ 이다.
② 자외선이 미생물의 핵산(DNA)을 손상시켜 세포를 파괴하고 사멸을 유도한다.
③ 유기물 공존 시 자외선이 흡수되어 살균효과가 현저히 떨어지므로 반드시 세척 후 소독해야 한다.
④ 살균력은 균의 종류에 따라 다르며 해충이나 곰팡이에 비해 세균이 효과적이나, 결핵균이나 바이러스에 대해서는 살균력을 나타내지 않는다.

04. HACCP 예비단계에 대한 설명이 아닌 것은?

① 위해요소 분석 시 원료별, 공정별로 생물학적(B), 화학적(C), 물리적(P) 위해인자를 모두 파악해야 한다.
② 작성한 평면도와 계통도가 실제 현장과 일치하는지 반드시 확인해야 한다.
③ 제품에 포함될 잠재성을 가진 위해물질에 민감한 대상소비자(어린이, 노인 등)를 파악해야 한다.
④ HACCP 팀 구성 시 모니터링 담당자는 해당 공정 현장종사자로 구성하는 것이 좋다.

05. 식품 내 유지(지질)성분의 장시간 가열 및 산화로 인해 식중독이 발생될 수 있다. 이에 관한 설명으로 옳은 것은?

① 유지의 산패가 진행될수록 말론알데히드가 축적된다.
② 지질을 구성하는 포화지방산의 탄소수가 많을수록 산화가 촉진된다.
③ 자연계에 존재하는 불포화지방산은 공액형의 트랜스지방산으로 건강에 해롭지 않다.
④ 지질의 산패 척도를 나타내는 산가(acid value)가 높을수록 신선도가 저하되지 않은 유지임을 알 수 있다.

06. 「식품위생법」에 규정된 사항으로 옳은 것은?

① 종업원 건강진단 항목 – 장티푸스, 파라티푸스, 장출혈성대장균, A형 간염, 세균성이질, 콜레라
② 건강 위해가능 영양성분 – 나트륨, 탄수화물, 트랜스지방
③ 단란주점영업 – 주로 주류를 조리·판매하는 영업으로서 손님이 노래를 부르는 행위가 허용되는 영업
④ 총리령으로 정하는 식품위생검사기관 – 식품의약품안전처, 지방식품의약품안전청, 보건환경연구원

07. 세균성 식중독에 대한 설명으로 옳은 것은?

① Listeriosis는 맹장염과 증세가 비슷하여 맹장염으로 오인되는 사례도 있었다.
② 퍼프린젠스 식중독은 가열 조리된 후 냉장에서 5시간 이상 방치된 식품이 원인식품이다.
③ 황색포도상구균은 건조상태에서도 저항성이 강하여 식품에서 장기간 생존하나 Aw 0.85 이하에서는 증식하지 못한다.
④ 인수공통병원균인 *Yersinia enterocolitica* 는 4℃에서도 잘 생육하는 내염성의 저온균이다.

08. 인수공통감염병끼리 묶인 것은?

① 리스테리아, 구제역
② 콜레라, 결핵
③ 파상열, 성홍열
④ 일본뇌염, 발진티푸스

09. 세균수 측정법에 대한 설명으로 옳지 않은 것은?

① 일반세균수를 측정하는 방법에는 표준평판법, 건조필름법, 자동화된 최확수법이 있다.
② 표준평판법은 보통한천배지를 이용하여 검체 중의 총균수를 산출하는 방법이다.
③ 현미경 검경을 통해 원유 중 오염된 총균수를 측정하는 방법을 브리드(Breed)법이라 한다.
④ 일반세균수 측정 시 집락수의 계산은 1개의 평판당 15 ~ 300개의 집락을 생성한 평판을 택하여 계산한다.

10. 내분비교란물질(Endocrine disruptors)에 대한 설명으로 옳지 않은 것은?

① 프탈레이트는 발암성, 생식 및 발생독성을 유발하나, 유전독성을 일으키지 않는다.
② 영·유아용 기구 및 용기·포장 제조 시 비스페놀 A의 사용이 전면 금지되었다.
③ PCBs는 정상 호르몬이 수용체를 인식하여 결합하거나 활성화 하는데 유사하게 작용하여 내분비를 교란한다.
④ 스티렌은 지용성의 특유한 냄새를 지닌 방향족 화합물이다.

11. 바실러스 세레우스 식중독에 대한 설명으로 옳지 않은 것은?

　① 원인균은 자연계에 널리 분포되어 있는 그람양성의 호기성 또는 통성혐기성 간균으로 내열성 포자를 형성한다.

　② 100℃ 가열로는 사멸하지 않으며 pH 5.7, 7% 염도에서도 발육이 가능하고, 주모성 편모를 지닌다.

　③ 두 개의 서로 다른 대사산물에 의해 설사형과 구토형으로 분류하며, 설사형의 잠복기는 평균 12시간, 구토형은 평균 3시간으로 알려져 있다.

　④ 구토형은 불완전한 열처리에 의해 살아남은 포자가 식품과 함께 섭취되면 생체 내에서 독소를 생산하여 식중독을 일으키며 메스꺼움, 구토가 특징이다.

12. 바이러스에 대한 설명으로 옳은 것은?

　① 바이러스는 인간을 비롯한 동식물의 세포에 기생하여 증식하나 세균세포에는 불가능하다.

　② 0.2 ~ 0.3μm 크기의 초여과성 미생물로 광학현미경을 통해서만 관찰 가능하다.

　③ 원인체가 바이러스인 질병으로는 간염, AIDS, 소아마비, 유비저 등이 있다.

　④ DNA와 RNA 중 어느 한가지의 핵산과 이를 둘러싸고 있는 단백질을 가지고 있을 뿐 독자적인 대사기능을 가지지 못하며 생세포 내에서만 증식한다.

13. 세균성 식중독과 바이러스성 식중독을 비교했을 때, 세균성 식중독의 특징이 아닌 것은?

　① 미량(10 ~ 100) 개체로도 발병 가능

　② 설사, 구토, 복통, 발열 등의 증상

　③ 항생제를 사용하여 치료 가능

　④ 2차 감염되는 경우 거의 없음

14. 허용된 식품첨가물과 그 용도가 옳게 연결된 것은?

　① 밀가루개량제 – 과산화수소

　② 껌기초제 – 폴리이소부틸렌

　③ 산화방지제 – 이산화티타늄

　④ 유화제 – 피마자유

15. 과일이나 채소의 부패를 유발하는 원인곰팡이와 그 특징을 바르게 연결한 것은?

　① *Ceratostomella fimbriata* – 고구마 흑반병

　② *Penicillium italicum* – 사과, 배 등의 푸른곰팡이병

　③ *Rhizopus nigricans* – 딸기의 회색 곰팡이병

　④ *Sclerotinia sclerotiorum* – 고추의 탄저병

16. 「식품위생법」에서 사용하는 용어의 정의로 옳지 않은 것은?

　① "식품위생"이란 식품, 식품첨가물, 기구 또는 용기 · 포장을 대상으로 하는 음식에 관한 위생을 말한다.

　② 세척제, 위생물수건, 일회용 컵 · 숟가락 등은 기구에서 제외된다.

　③ "용기 · 포장"이란 음식을 먹을 때 사용하거나 담는 것을 말한다.

　④ "집단급식소"는 1회 50명 이상에게 식사를 제공하는 급식소를 말한다.

17. 식물성 유독성분과 증상을 바르게 연결한 것은?

① 고시폴 – 적혈구 응집
② 스코폴아민 – 강한 구토작용
③ 팔린 – 뇌증상, 동공확대
④ 아코니틴 – 마비성 신경중독

18. 식품을 통해 감염되는 기생충에 대한 설명으로 옳은 것은?

① 유극악구충의 제1중간숙주는 물벼룩이고, 2중 간숙주는 개구리, 뱀, 담수어 등이다.
② 람블편모충, 톡소플라즈마, 트리코모나스, 아니사키스는 원충류에 해당한다.
③ 채소류를 섭취하여 감염된 기생충증에 이환된 환자는 모두 충란을 배출한다.
④ 동양모양선충은 체내의 이행성이 없어 대부분 자각하지 못하며 대장에서 기생한다.

19. 각 조리 과정별 기준온도 및 시간을 연결한 것으로 옳지 않은 것은?

① 재가열 – 85℃ – 2시간 이내
② 배식 – 냉장 보관 – 10℃ 이하
③ 냉장식품 소분 – 15℃ 이하
④ 육류 등 조리 시 – 중심온도 74℃ 이상

20. 곰팡이 독소의 원인곰팡이와 오염식품 그리고 장애부위 등을 바르게 연결한 것은?

① cyclochlorotin – *Pen. islandicum* – 쌀 – 간장
② fumonisin – *F. tricinctum* – 옥수수 – 식도암
③ aflatoxin – *A. parasiticus* – 땅콩 – 경련
④ F-2 toxin – *Cladosporium epiphylum* – 곡류 – 발정증후군

01. 식품의 변질 또는 부패와 관련된 균주를 바르게 연결한 것은?

① *B. coagulans*, *B. stearothermophilus*, *Cl. butylicum*은 통조림의 무가스 산패의 원인균이다.

② *P. fluorescens*, *P. aeruginosa*, *P. synxantha*는 우유의 녹변과 관련된 균주이다.

③ *Alcaligenes viscolactis*, *S. marcescens*는 우유의 적변과 관련된 균주이다.

④ *S. lactis*, *Lb. casei*, *Lb. bulgaricus*는 우유 전체를 점질화 한다.

02. 식품첨가물의 사용목적에 따른 분류가 옳은 것은?

① 식품의 변질·변패를 방지하는 첨가물 – 밀가루 개량제

② 식품의 품질개량·품질유지를 위한 첨가물 – 산화방지제

③ 식품제조에 필요한 첨가물 – 팽창제

④ 관능을 만족시키기 위한 첨가물 – 껌기초제

03. 어패류를 통해 감염되는 기생충이 아닌 것은?

① *Diphyllobothrium latum*

② *Enterobius vermicularis*

③ *Heterophyes heterophyes*

④ *Gnathostoma spinigerum*

04. 방사선을 방출할 수 있는 능력을 지닌 원자핵을 방사성 물질이라 한다. 이러한 방사성 물질에 대한 설명으로 옳은 것은?

① 사람이 방사선을 쬐였을 경우의 영향정도를 나타내는 측정단위로는 베크렐(Bq)을 사용한다.

② Sr^{90}은 β선을 방출하며 Cs^{137}에 비해 물리적 반감기와 유효반감기는 짧고, 생물학적 반감기는 길다.

③ 생물학적 반감기는 몸 안에 들어온 방사성 물질의 절반가량이 우리몸의 대사과정을 거쳐 몸 밖으로 배출되는데 걸리는 시간으로 물리적 반감기에 비해 기간이 줄어든다.

④ 먹는물 수질기준에 Sr^{90}과 Cs^{137}의 검출기준은 있으나, I^{131}의 기준은 규정되어 있지 않다.

05. 세균성 식중독의 형태 및 생성된 독소의 특징을 바르게 연결한 것은?

① 세레우스 구토형 – 감염·독소형 – 내열성의 저분자 펩타이드

② 황색 포도상구균 식중독 – 독소형 – 15% 식염 농도에서 독소생성

③ 보툴리누스 식중독 – 독소형 – 120℃, 20분 가열 시 파괴안됨

④ Enterotoxigenic *E. coli* – 감염·독소형 – enterotoxin

06. 주석(Sn)의 특징 및 중독증상에 대한 설명으로 옳지 않은 것은?

① 은백색의 부드러운 금속으로 주석의 용출이 쉬운 식품으로는 통조림 식품 등을 들 수 있다.
② 주요증상은 구토, 설사, 복통이다.
③ 과일·채소류 음료의 용출 허용량은 200mg/kg (알루미늄 캔 이외의 캔제품에 한한다) 이다.
④ 사용된 물이나 식품 중에 질산염이 함유된 경우, 유기산과 물에 녹는 착화합물을 형성하여 용출되기 쉬워진다.

07. 유전자변형식품(GMO)에 대한 설명으로 옳은 것은?

① 최초로 유전자변형식품 등을 수입하는 경우에는 안전성 심사를 받지 않아도 판매가 가능하다.
② 고도의 정제과정 등으로 유전자변형 DNA 또는 유전자변형 단백질이 남아있지 않아 검사불능인 당류, 유지류는 GMO 표시를 하지 않아도 된다.
③ 유전자변형식품임을 표시하고자 하는 경우, 10 포인트 이상의 활자로 포장색과 구별되게 표시한다.
④ 분류학에 다른 종(種)의 범위를 넘는 세포융합기술을 활용하여 유전자변형을 시행한 경우, 유전자 변형식품임을 표시하여야 한다.

08. 소독·살균제에 대한 설명으로 옳은 것은?

① 승홍은 단백질과 결합하여 살균작용을 나타내며 조직에 대한 자극성이 강해 손소독에 이용할 수 없다.
② 역성비누는 소독력이 매우 강한 계면활성제이나, 포자, 결핵균, 간염바이러스 등에 효과가 없다.
③ 포름알데히드는 살균력과 침투력이 우수하여 가장 널리 이용되는 멸균용 가스로 독성이 강하다.
④ 생석회, 석탄산, 요오드, 차아염소산나트륨 등은 결핵균에 모두 효과적인 소독제이다.

09. 다음은 어떤 화합물의 생성기작에 대한 그림인가?

① ethylcarbamate
② acrylamide
③ nitrosamine
④ tyramine

10. 〈보기〉에서 설명하는 내용은 HACCP 7원칙 중 몇 번째에 해당되는가?

─────〈 보기 〉─────
• 작업과정에서 발생되는 위해요소의 추적이 용이
• 작업공정 중 CCP에서 발생한 기준 이탈 (deviation) 시점을 확인가능
• 문서화된 기록을 제공하여 식품사고 발생 시 증빙자료로 활용

① 3원칙
② 4원칙
③ 5원칙
④ 6원칙

11. 바이러스 식중독에 대한 설명으로 옳지 않은 것은?

① 단일가닥 DNA를 지니는 아데노바이러스는 잠복기가 7일 정도이며, 묽은 설사, 구토 등 증상은 경미하다.
② 바퀴모양의 로타바이러스는 겹가닥의 RNA가 capsid로 둘러싸인 구조를 지닌다.
③ 노로바이러스는 사람의 몸 밖에서는 증식할 수 없고, 식품이나 오염된 지하수 등을 통해 감염된다.
④ 아스트로바이러스는 온대지역에서는 주로 겨울철에 유행하는 설사 바이러스이다.

12. 허가 및 등록을 받아야 하는 영업 및 허가관청을 바르게 연결한 것은?

① 식품조사처리업 – 허가 – 특별자치시장, 특별자 치도지사, 시장·군수·구청장
② 주류제조업 – 등록 – 식품의약품안전처
③ 공유주방운영업 – 등록 – 식품의약품안전처
④ 식품첨가물제조업 – 허가 – 특별자치시장, 특별 자치도지사, 시장·군수·구청장

13. 장염비브리오 식중독에 대한 설명으로 옳지 않은 것은?

① 3 ~ 5%의 식염농도에서 가장 생육이 좋고 증류 수에서는 급속히 사멸한다.
② 장염비브리오균의 최적 생육조건(온도, pH, 수분) 은 각각 35 ~ 37℃, pH 7.5 ~ 8.0, A_w 0.98이다.
③ 증상은 원인식품 섭취 후 12시간의 잠복기 후 구역질, 구토, 발열(37 ~ 38℃), 잦은 수양성 설사를 나타낸다.
④ 해산물 유통에 저온유통체계를 적용하여 오염 된 균의 증식을 방지하는 것은 예방대책이 될 수 없다.

14. 기존 위생관리방식과 비교하여 HACCP의 특징을 모두 고르시오.

┌─────────────────────────────────┐
│ ㉠ 각 배치별 많은 위해요소 관리 │
│ ㉡ 현장 및 실험실 관리 │
│ ㉢ 시험분석에 장시간 소요 │
│ ㉣ 저렴한 비용 소모 │
└─────────────────────────────────┘

① ㉠, ㉢
② ㉡, ㉣
③ ㉠, ㉣
④ ㉡, ㉢

15. 식품첨가물의 사용기준이 잘못 연결된 것은?

① 버터류 – propyl gallate – 0.1g/kg 이하
② 햄 – potassium nitrate – 0.07g/kg 이하
③ 빵류 – propionate – 2.5g/kg 이하
④ 치즈류 – sorbate – 5.0g/kg 이하

16. *Penicillium* 속에 의해 생성되는 황변미 독소에 대한 설명으로 옳은 것은?

┌─────────────────────────────────┐
│ 독소명 – 원인균주 – 특징 │
└─────────────────────────────────┘

① citroeviridin – *Penicillium toxicarium* – 아플라톡신의 1/250 정도 발암성
② cyclochlorotin – *Penicillium islandicum* – 레몬색 같은 황색형광을 내는 페놀계 물질
③ citrinin – *Penicillium patulum* – 수용성 함 염소 환상 peptide
④ luteoskyrin – *Penicillium islandicum* – 지용 성 polyhydroxy anthraquinone계 황색 색소

17. 감염병을 〈보기〉의 순서대로 바르게 연결한 것은?

┌──────────────── 〈보기〉 ────────────────┐
│ 법정감염병(신고유형) – 인수공통감염병 – 원 │
│ 인체 │
└───┘

① 1급(즉시신고) – 페스트 – *Clostridium tetani*
② 3급(24시간 이내 신고) – 탄저 – *Bacillus anthracis*
③ 2급(24시간 이내 신고) – 결핵 – *Mycobacterium tuberculosis*
④ 3급(7일 이내 신고) – 큐열 – *Coxiella burnetii*

18. 다음 〈보기〉에서 설명하는 시험법은 무엇인가?

〈보기〉

히스티딘의 합성능력에 결함이 있는 유전자를 가지는 살모넬라균을 사용하여 그 균이 시험물질의 작용으로 히스티딘의 합성능력이 회복되는지의 여부를 조사하는 방법이며, 히스티딘이 없으면 발육할 수 없는 살모넬라균을 히스티딘이 없는 배지에 시험물질을 첨가하고 배양하여 발육하는지를 조사한다.

① carcinogen test
② ames test
③ chromosomal aberration test
④ micronucleus test

19. 세균의 생육에 영향을 미치는 요인으로는 온도, 상대습도 등의 외적 요인과 영양성분, pH, 수분, 산화환원전위 등의 내적 요인 등으로 나눌 수 있다. 이러한 세균의 증식에 영향을 주는 요인에 대한 설명으로 옳지 않은 것은?

① 온도는 세포의 크기, 대사산물 생산, 영양요구성, 효소반응 및 세포의 화학조성에 영향을 미친다.
② 양의 전위차를 가지는 조건, 즉 산화조건에서는 혐기성 미생물의 생육이 가능하다.
③ 외부환경요인들이 최적조건이 아니면, 생육을 위한 최저 pH는 상승하고, 최고 pH는 낮아진다.
④ 수분활성도를 낮추기 위한 방법으로는 건조, 냉동, 당 또는 소금첨가, 가열조리 등이 있다.

20. 자연독 식중독 성분을 구조별로 분류한 것으로 옳은 것은?

① alkaloid − solanine, scopolamine, colchicine
② polyphenol − saponin, gossypol
③ glycoside − amygdalin, cycasin, digitoxin, taxiphyllin
④ protein − ricin, temulin

제6회 최종모의고사

응시번호_____   성명_____   점수_____점

01. 「식품위생법」 제32조에서 규정한 식품위생감시원에 관한 사항이 아닌 것은?

① 검사에 필요한 식품 등의 수거, 과대광고 금지법의 위반여부에 관한 단속 등의 직무를 수행한다.

② 식품위생감시원 직무교육에는 식품위생감시원의 직무, 식품안전 법령에 관한 사항, 식품 등의 기준 및 규격에 관한 사항 등이 포함되어야 한다.

③ 외국에서 영양사 또는 위생사 면허를 받은자로서 식약처장이 적당하다고 인정하는 자는 식품위생감시원에 임명할 수 있다.

④ 식품위생감시원은 매년 7시간 이상 식품위생감시원 직무교육을 받아야 한다

02. 유독 조개류의 중독증상에 대한 설명으로 옳은 것은?

① 신경성패독(NSP)은 유독플랑크톤인 *Dinophysis* 속으로부터 생산된 brevetoxin에 의해 독화된 굴을 섭취함으로써 발생한다.

② 베네루핀은 계절적 변화가 있어 2 ~ 4월에 독성이 강하나 6 ~ 11월은 무독하다.

③ 기억상실성패독(ASP)의 유독성분은 굴, 가리비, 백합, 진주담치 등에서 검출된다.

④ 설사성패독(DSP)의 허용기준치는 0.16mgOA 당량/kg(이매패류)이며, Codex 등 대부분 국제기준은 모두 동일하다.

03. 미생물이 생존 가능한 온도보다 높은 온도로 가열하여 보존하는 살균·소독방법에 대한 설명으로 옳지 않은 것은?

① 간헐멸균법은 포자의 발아를 유도한 후 사멸하는 방법으로 고압증기 멸균법 사용 시 식품성분이 변성되는 경우에 주로 사용한다.

② 자비살균이나 고온단시간살균(HTST)법의 경우 세균의 포자가 생존하는 경우가 많다.

③ 130 ~ 150℃에서 1 ~ 2초간 실시한 후 급랭하는 방식의 초고온 순간살균법(UHT)은 과즙이나 우유 살균에 가장 많이 이용하며 포자까지 사멸 가능하다.

④ 증기소독법의 경우 끓는 물로 30분 이상 장시간 처리하면 포자까지 사멸할 수 있다.

04. 식품첨가물과 주요 용도를 바르게 연결한 것은?

① 무수아황산 – 산화방지제, 표백제

② 철클로로필린나트륨 – 착색료, 영양강화제

③ 염소 – 밀가루개량제, 살균제

④ 유동파라핀 – 이형제, 증점제

05. 주석(Sn)은 양철, 식기, 캔, 땜납 등 각종 합금원료로 사용되고, 유기주석 화합물로서는 안정제, 살균제의 원료로도 사용되어 왔으나, 이들로부터 환경오염, 식품오염 등이 이어지고 있다. 이러한 주석에 대한 설명으로 옳은 것은?

① 주석은 관 내용물 중 질산이온이 있거나 산성식품에서 산소 존재하에 용출량이 급격히 증가한다.

② 과일·채소류 음료의 경우 탄산음료류와 달리 주석의 용출허용량을 200ppm 이하(알루미늄 캔 이외의 캔제품에 한함)로 규정하고 있다.

③ 주석은 인슐린이 그 수용체에 결합하는 것을 촉진하기 때문에 당을 유지하고 견디는 능력의 내당인자로 알려져 있다.

④ 무기주석화합물인 TPT(triphenyl tin)와 TBT(tributhyl tin)는 패류의 성장불량, 폐사, 기형의 출현 등의 문제를 유발하는 것으로 밝혀졌다.

06. 자외선살균법(ultra violet rays method)에 의한 살균효과 및 장단점에 대한 설명으로 옳은 것은?

① 모든 균종에 효과적이며, 결핵균, 티푸스균, 페스트균은 단시간(15초) 조사로도 사멸된다.

② 자외선을 미생물에 조사함으로써 세포 내의 다른 성분의 전리작용으로 구성물질이 변화하여 균주가 사멸되는 원리를 이용한 살균법이다.

③ 조사표면의 반대 그늘진 곳에는 효과가 없으나 살균효과가 커서 완전살균이 가능하다.

④ 살균효과가 가장 큰 파장인 253 nm 부근에서 30 ~ 60분 정도 충분히 조사해야 한다.

07. 바실러스 세레우스 식중독에 대한 설명으로 옳지 않은 것은?

① 1955년 노르웨이 병원에서 24시간 이상 실온에서 방치된 바닐라 소스를 원인 식품으로 한 설사형 식중독에서 최초로 보고되었다.

② 원인균은 호기성의 포자형성 간균으로 환경에 널리 분포하므로 식품 오염 기회가 많다.

③ 세레우스는 용혈능, 포스포라이페이스 생성, 구토독, 설사원성 독소 등을 생산한다.

④ 전날 볶은 밥의 섭취 시 평균 12시간의 잠복기를 거쳐 메스꺼움, 구토, 복통 등의 증상이 나타날 수 있다.

08. 다음 그림의 반응을 거쳐 생성되는 유독물질에 대한 설명으로 옳은 것은?

① 유독물질은 단백질 함유식품의 발효과정에서 미생물의 탈탄산반응으로 생성되는 분해산물이다.

② 가공육 저장 시 생성되는 유독물질로 강한 발암성과 간장애를 일으킨다.

③ 콩 단백질을 염산으로 가수분해할 때 원료에 존재하는 지질분해산물과 반응하여 생성된다.

④ 효모의 발효과정에서 생성된 요소가 당으로부터 분해된 알코올과 반응하여 생성된다.

09. 식품안전관리인증기준(HACCP)에 대한 설명으로 옳은 것은?

① HACCP 인증을 받으려는 영업자에게 시설설비 등 개·보수 비용은 지원해주지 않는다.
② HACCP 적용업소가 아닌 영업자가 허위로 명칭을 사용 시 천만원의 과태료를 부과한다.
③ 정기조사평가 점수의 백분율이 85%인 경우 추가로 연 1회 이상의 기술지원이 실시된다.
④ 전년도 총 매출액이 100억원 이상인 영업소는 HACCP 의무적용 대상이다.

10. 자연독 성분의 원인식품 및 구조를 바르게 연결한 것은?

① morphine − 양귀비 − 알칼로이드
② amanitatoxin − 독우산광대버섯 − 알칼로이드
③ saponin − 감자 − 알칼로이드 배당체
④ domoic acid − 홍합 − 단백질

11. 병원성 미생물이 식품이나 물 등에 오염되어 경구적으로 체내로 들어가 감염을 일으키는 질병에 대한 설명이 아닌 것은?

① 경구감염병은 미량의 균량으로도 감염을 일으키기 쉬우며, 병원체와 고유숙주 사이에 감염환(infection cycle)이 성립된다.
② 장티푸스의 잠복기는 7 ~ 20일이며, 40℃에 달하는 고열이 나타난 후 맥박이 느려지고 비장의 종창, 식욕부진, 피부에 조그만 장미모양의 발진이 나타난다.
③ 성홍열의 경우 원인균이 코, 인두, 편도, 후두 등에 이비인후과 염증과 위막을 형성하며 38℃ 내외의 발열을 동반한다.
④ 콜레라는 외래전염병으로 콜레라 독소에 의해 격심한 위장증상을 일으키고 심한 전신증상을 보이는 급성감염병이다.

12. 식품의 미생물은 생균과 사균을 구별하여 검사한다. 검사방법에는 생균과 사균을 모두 포함하는 총균수 검사와 생균만을 측정하는 생균수 검사가 있고, 분석기술에 따라 평판도말법, 막투과법, 최확수법 및 미생물 신속 검출 등이 있다. 다음 미생물 검사에 대한 설명으로 옳은 것은?

① 주로 원유 중 오염된 세균의 총균수 측정에는 표준평판법(SPC)을 사용한다.
② 총균수 검사의 의의는 식품 취급 이전의 원료상태를 추측하는데 있는 반면, 생균수 검사는 식품의 오염도나 부패의 진행도를 추정하는 데 있다.
③ 통·병조림 등 멸균제품에서 세균의 발육유무를 확인하기 위해 브리드(breed)법을 시행한다.
④ 효모 및 사상균수 측정방법은 일반세균수를 측정하는 표준평판법에 준하여 시험하며, 25±1℃에서 48±2시간 배양한다.

13. 세균성 식중독의 원인균주에 대한 설명으로 옳은 것은?

① *Enterococcus faecalis* 는 연쇄상구균으로 포자가 없고, 열저항성이 높으며 영유아에게 대장염, 뇌막염, 패혈증 등을 유발한다.
② *Campylobacter jejuni* 는 30℃ 이하에서는 증식하지 못하는 호열성 균으로 60℃, 30분 가열로는 사멸하지 않는다.
③ *Vibrio parahaemolyticus* 는 식염농도 0.5% 이하 또는 10% 이상에서는 생육하지 못하고 겨울철에 증식하지 않는다.
④ *Salmonella typhi* 는 장내세균과의 그람음성균으로 43℃까지 생육가능하나 유당을 분해하지 못한다.

14. 다음 〈보기〉에서 초기부패로 판정이 가능한 화학적 검사법은?

〈보기〉
㉠ 생균수: $10^7 \sim 10^8 CFU/1g(1mL)$
㉡ 트리메틸아민: $4 \sim 6mg\%$
㉢ 휘발성염기질소: $30 \sim 40mg\%$
㉣ K값: 10% 이하
㉤ 경도 및 탄성 저하

① ㉠, ㉡, ㉢
② ㉡, ㉢
③ ㉠, ㉣
④ ㉤

15. 곰팡이가 생산하는 2차 대사산물의 원인식품 및 장애부위를 바르게 연결한 것은?

① ochratoxin − Penicillium ochraceus − 커피콩 − 간장 및 신장장애
② rubratoxin − Penicillium rubrum − 고춧가루 − 간장장애
③ ergosine − Claviceps purpurea − 보리 − 교감신경차단
④ 8-methoxy psoralen − Sclerotinia sclerotiorum − 체리 − 일광피부염증

16. 바이러스성 식중독의 원인 및 특성에 대한 설명으로 옳은 것은?

① 로타바이러스는 외피를 갖는 정이십면체구조이며, triple-layered capsid를 지닌다.
② 로타바이러스는 주로 분변을 통한 경구감염이나 호흡기를 통해 감염되며, 증상이 없어진 후에도 10일까지 대변에 존재한다.
③ 아스트로바이러스의 잠복기는 평균 7일정도로 다른 바이러스보다 긴 것이 특징이다.
④ 아데노바이러스는 물리・화학적 처리에 매우 안정적이므로 외부 환경에서도 장기간 생존할 수 있는 특징이 있다.

17. 위생 동물은 식품속에서 번식하거나 외부로부터 침입하여 식품을 오염시키며, 경제적인 손실을 주거나 상품 가치를 저하시킨다. 이러한 위생 동물에 대한 설명으로 옳지 않은 것은?

① 위생동물의 직접적인 피해로는 기계적 외상, 독물질 주입, 병원체의 생물학적 전파 등을 들 수 있다.
② 파리, 모기, 벼룩 등의 생활사는 알 → 유충 → 번데기 → 성충의 단계로 진행된다.
③ 긴털가루진드기는 우리나라의 모든 저장식품에서 흔히 볼 수 있으며, 유백색 또는 황백색으로 25℃, 75% 습도조건에서 잘 번식한다.
④ 쥐는 살모넬라증, 페스트, 발진열, 신증후군출혈열, 천열 등의 질병을 매개한다.

18. HACCP 모니터링 중 한계기준 이탈했거나, 기기 고장인 경우 원인규명, 기기수리, 공정의 원상복귀 등을 시행하는 단계는?

① 9단계
② 10단계
③ 11단계
④ 12단계

19. 산화에 의한 식품의 품질 저하를 방지하는 식품첨가물에 대한 설명으로 옳은 것은?

① BHT는 유지에 대한 용해도가 매우 높아, 산패가 진행된 유지에 첨가해도 그 효력이 유지되는 것으로 알려져 있다.
② TBHQ는 식용유지류, 버터류, 어패건제품, 어패염장품에 BHA와 병용하여 사용할 수 있다.
③ 토코페롤은 불포화도가 큰 유지에 효과적인 천연항산화제로 동시에 영양강화제로도 사용할 수 있으나, 열에 불안정하다.
④ 몰식자산프로필은 유지에 대한 항산화력이 강한 페놀성 항산화제로서 철 등의 금속에 의해서 변색되지 않는다.

20. 유해성이 알려지면서 사용이 금지된 감미료에 대한 설명으로 옳은 것은?

① isomalt: 백색 결정, 갈변반응을 일으키지 않아 부정 사용, 설탕의 50 ~ 70배 단맛
② ρ-nitro-o-toluidine: 원폭당, 백색 결정, 구토, 황달, 사망, 설탕의 200배 단맛
③ peryllartine: 자소유 성분, 백색 결정, 타액에 의해 aldehyde로 분해, 신장장애
④ ethylene glycol: 물에 녹지 않음, 점조성 액체, 뇌와 신장장애

제7회 최종모의고사

응시번호 _____ 성명 _____ 점수 _____ 점

01. 수분은 영양소의 용매로 작용하며 세포에서 일어나는 대부분의 생화학반응에 관여한다. 미생물은 수분이 적으면 정상적인 대사 활동이나 성장을 할 수 없다. 이러한 미생물의 생육에 영향을 주는 수분활성도(A_w)에 대한 설명으로 옳지 않은 것은?

① 대부분의 식품은 0.9 이상의 수분활성도를 지니므로 부패가 쉽게 진행된다.

② 식품의 수분함량은 대기환경에 따라 달라지며, 상대습도가 높아지면 식품 내 수분함량이 감소한다.

③ 최적온도나 최적 pH에서 미생물에 요구되는 수분활성은 낮아진다.

④ 대부분의 세균, 효모, 곰팡이의 경우, 성장속도는 영양분의 함량이 충분하고 수분활성도가 1.0에 가까울수록 가장 빠르다.

02. *Penicillium* 속이 유발하는 황변미 독에 대한 설명으로 옳은 것은?

① Toxicarium 황변미는 *Penicillium urticae*가 생성하는 citreoviridin에 의한 것이다.

② cyclochlorotin은 독성이 강한 신장독으로 신장에서의 수분 재흡수를 저해하여 급·만성의 신장증(nephrosis)을 일으킨다.

③ Thai 황변미독은 염색체 이상유발, 출혈성폐부종, 뇌수종 등을 유발한다.

④ *Penicillium islandicum*에 의해 생성된 luteoskyrin은 장시간에 걸쳐 간경화, 간암 등을 유발할 수 있다.

03. A형 간염(Hepatitis A)에 대한 설명으로 옳지 않은 것은?

① 굴, 모시조개의 생식과 불충분한 가열, 우유, 채소, 샐러드 등이 원인식품이다.

② HAV에 의한 급성간염질환으로 병원체는 단일사슬 RNA를 지닌 구형바이러스다.

③ 대부분 만성간염을 일으키지 않으며, 면역은 평생 지속된다.

④ 저온살균으로 사멸가능하나 조개류는 90℃에서 4분 이상 가열하도록 권고하고 있다.

04. 다음 〈보기〉에서 식품, 접촉기구 및 용기 등의 소독과 살균에 대한 설명으로 옳은 것은?

──── 〈보기〉 ────

㉠ 차아염소산 나트륨은 과일·채소소독 및 식품 접촉기구에도 사용가능하며, 접촉기구 소독 시 200ppm 이하의 농도로 소독해야 한다.

㉡ 소독은 균의 증식을 억제 시켜 발효나 부패의 속도를 감소시키는 것이다.

㉢ 전자선은 감마선에 비해 투과력이 약하여 곡류, 분말식품, 육류 등의 표면살균에만 주로 사용된다.

㉣ 식품조사에 대한 감수성이 큰 순서부터 나열하면, 해충 > 대장균 > 무아포형성균 > 아포형성균 > 바이러스 > 아포 순이다.

① ㉠, ㉢

② ㉡, ㉣

③ ㉠, ㉣

④ ㉡, ㉢

05. 소, 양, 야생조류 및 닭 등의 가금류 장관 내에 보균되어 있으며 소나 염소의 감염성 유산과 가축의 태반염, 설사증의 원인균으로 알려졌지만, 최근 사람에 대한 병원성이 밝혀진 식중독 균주에 대한 설명으로 옳은 것은?

① 30℃ 이하에서는 생육하기 어렵지만, 다른 미생물과의 경쟁력은 강한편이다.

② 소량으로 식중독을 유발하며, 잠복기는 1 ~ 3주로 다른 식중독에 비해 길다.

③ 실온에서는 사멸하기 쉽고 건조나 산성환경에서도 매우 약하다.

④ 원인균주가 특수한 혈액한천배지에서 배양 시 균 주변에 투명한 용혈환이 생성되는 Guillain-Barre 증후군과 관련되어 있다.

06. 「식품위생법」에서 고시된 영업의 종류 및 관련조항에 대한 설명으로 옳은 것은?

① 휴게음식점영업이란 총리령으로 정하는 식품을 제조 · 가공업소에서 직접 최종소비자에게 판매하는 영업을 말한다.

② 영업자 및 종업원은 영업 시작일로부터 6개월 이내에 반드시 건강진단을 받아야 한다.

③ 기구 등의 살균소독제를 운반하거나 판매하는 사람을 제외한 채취, 제조 및 가공하는 종사자는 건강진단을 받아야 한다.

④ 비감염성결핵, B형간염 감염자의 경우 식품위생 관련영업에 종사할 수 있다.

07. 식물성 자연독 성분과 그 원인식품을 연결한 것으로 옳지 않은 것은?

① 감자 – 솔라닌, 차코닌, 셉신

② 미숙매실, 살구씨 – 아미그달린, 푸르나신

③ 은행 – 빌로볼, 탁시필린

④ 벌꿀 – 그레이아노톡신 III

08. 식품의 위생적인 섭취를 위한 보존방법 및 조리과정별 기준에 대한 설명으로 옳은 것은?

① 조리된 음식을 배식 전까지 상온에서 보관하는 경우, 조리 후 5시간 이내에 섭취를 완료해야 한다.

② 뜨겁게 배식되는 음식은 74℃ 이상에서 보존하면서 2시간 간격으로 온도를 측정한다.

③ 보존식은 매회 1인분 분량을 -18℃ 이하에서 144시간 이상 보관하여야 하며, 보관 기간 중 휴무일이 있는 경우 그 기간을 포함시킬 수 없다.

④ 냉장식품을 소분하는 경우 식품의 온도가 15℃를 넘지 아니하도록 한 번에 소량씩 취급하고 처리 후 냉장고(10℃ 이하)에 보관하는 등의 온도관리를 하여야 한다.

09. 다음에서 설명하는 밀가루 개량제를 바르게 연결한 것은?

㉠	• 백색의 결정 • 수용액 중에서 황산수소암모늄과 산소로 가열분해시 생성되는 산소의 산화작용에 의해 표백 • 제빵효과를 좋게 하는 작용
㉡	• 산화작용에 의한 표백작용 • 명반, 인산칼슘염류, 황산칼슘, 탄산칼슘, 탄산마그네슘 및 전분을 1~3종 배합, 희석

① ㉠ – 과황산암모늄, ㉡ – 이산화염소수

② ㉠ – 과산화벤조일, ㉡ – 아조디카르본아미드

③ ㉠ – 염소, ㉡ – L-시스테인염산염

④ ㉠ – 과황산암모늄, ㉡ – 과산화벤조일

10. 식품안전관리기준(HACCP)의 7원칙에 대한 설명으로 옳지 않은 것은?

① CODEX에서는 검증절차를 HACCP plan 준수 여부를 확인하기 위하여 적용하는 방법, 절차, 검사 및 기타 평가 행위로 정의하였다.

② 위해요소의 발생가능성을 평가하기 위해 클레임 통계자료를 검토할 수 있다.

③ 중요관리점은 위해요소를 예방, 제어 또는 허용 가능한 안전한 수준까지 감소시킬 수 있는 최대치 또는 최소치를 말한다.

④ 모니터링을 통해 작업공정 중 CCP에서 발생한 기준 이탈시점을 확인 가능하다.

11. 식품 내 유지성분의 가열 및 산화로 인해 발생된 유독물질에 의해 식중독이 발생할 수 있다. 다음 중 유지산화생성물의 유해성에 대한 설명으로 옳은 것은?

① 자동산화에 의한 변패는 지질분해효소에 의해 유리지방산과 글리세롤로 분해되어 불쾌한 냄새와 맛을 형성하며 변질되는 것이다.

② 유지의 산화는 유지의 불포화도, 빛, 열, 금속, 수분 등에 의하여 촉진된다.

③ 트랜스지방산은 아미노기와의 반응성이 높은 DNA와 반응하는 발암성 물질이다.

④ TBA가는 유지류 변패 초기에 생성되는 말론알데히드를 측정하는 방법으로, 유지의 변패과정에서 서서히 증가한다.

12. 살모넬라 식중독에 대한 설명으로 옳지 않은 것은?

① 혈청학적으로 세포표층항원(O항원)과 편모항원(H항원)의 조합에 따라 2000 여종 이상의 균형으로 분류되며 대부분 병원성이 있다.

② 덜 익힌 달걀, 생달걀이 첨가되는 가공품들, 닭, 우유, 어육연제품 등이 원인식품이다.

③ 잠복기는 평균 20시간으로 38℃ 이상의 고열과 급성위장염 증상을 동반하며 치사율은 1% 이하로 낮다.

④ 유당을 분해하지 못하고 포도당과 설탕을 분해하며, methyl red test와 catalase test에서는 양성을 나타낸다.

13. 다음 〈보기〉의 소독제의 특징을 읽고 사용농도를 바르게 연결한 것은?

─────── 〈 보기 〉───────

㉠ 자극성과 금속 부식성이 강함 / 손소독 이용
㉡ 석탄산 계수 2 / 바이러스에 효과 떨어짐

① ㉠: 0.1%, ㉡: 3%
② ㉠: 70%, ㉡: 5%
③ ㉠: 0.1%, ㉡: 0.1%
④ ㉠: 5%, ㉡: 0.1%

14. 다음 〈보기〉에서 설명하는 독성시험은 무엇인가?

―――― 〈보기〉 ――――

시험물질의 생식선 기능, 발정주기, 교배, 임신, 출산, 수유, 이유 및 태아의 성장에 미치는 작용 정보를 얻기 위한 시험으로 다세대시험 또는 생식영향시험이라고도 불리운다.

① 번식시험(proliferative test)
② 기관형성기투여시험(tetratoxigenicity test)
③ 에임스법(ames test)
④ 발암성시험(carcinogen test)

15. 유전자변형식품(GMO) 표시를 해야 하는 경우는?

① 유전자변형농산물이 비의도적으로 3% 이하인 농산물
② 식품의 제조 · 가공 중 의도적으로 사용한 가공보조제
③ 고도의 정제과정 등으로 검사불능인 유지류
④ 제초제 · 해충 내성 목화

16. 소독 및 살균과 관련된 내용으로 옳은 것은?

① 멸균은 식품이나 환경 중에 있는 병원성 미생물을 죽여서 감염을 방지하는 조작이다.
② 여과는 균의 크기보다 작은 격자의 필터로 균을 걸러 제거하는 물리적 방법으로 여과기를 통과시켜 제균한다.
③ 살균은 모든 미생물을 대상으로 무균상태로 하는 조작이다.
④ 소독은 식품에 존재하는 세균의 증식 및 성장을 저지시켜 발효와 부패를 억제시키는 것이다.

17. 세균성 식중독의 특징을 〈보기〉의 내용대로 바르게 연결한 것은?

―――― 〈보기〉 ――――

원인균 – 소량감염여부 – 발열여부 – 원인식품

① E. coli 0157 : H7 – 다량감염 – 발열없음 – 쇠고기
② C. jejuni – 소량감염 – 38 ～ 39℃ – 통조림
③ L. monocytogenes – 소량감염 – 발열있음 – 치즈
④ Cl. botulinum – 소량감염 – 발열없음 – 소시지

18. 다음 〈보기〉는 농작물이나 어패류에 오염되어 인체에 독성을 일으킬 수 있는 유기농약의 작용기작을 설명한 것이다. 유기농약의 독성기작과 종류를 바르게 연결한 것은?

―――― 〈보기〉 ――――

㉠ 체내에서 아코니타제에 강력한 저해작용 → 구연산 축적 → 독작용
㉡ 신경에 존재하는 콜린에스터라제 작용 저해 → 아세틸콜린 축적 → 독작용

① ㉠ – PCP, fussol, nissol
② ㉡ – CPMC, carbaryl, dimethoate
③ ㉠ – fratol, chlordane, NAC
④ ㉡ – malathion, DDVP, PMA

19. 보존료(preservatives)는 미생물에 의한 품질 저하를 방지하여 식품의 보존기간을 연장시키는 식품첨가물이다. 다음 중 식품에 첨가할 수 있는 보존료의 항균 spectrum에 대한 설명으로 옳지 않은 것은?

① 프로피온산은 곰팡이와 빵에 점질물을 생성하는 호기성 포자형성균의 증식을 저해한다.

② 식품의 pH는 보존료의 작용에 영향을 주며, 산형보존료의 효과를 크게 좌우한다.

③ 소브산은 곰팡이, 효모, 호기성균, 부패균에 대해 발육을 저지할 수 있다.

④ 데히드로초산나트륨은 혐기성균에 효과가 없으나, 곰팡이에 대한 보존효과가 좋으며 독성이 거의 없다.

20. 가축이나 야생동물 등의 조리, 가공 과정에서 열처리가 불충분하거나, 육회 등의 생식에 의해 감염될 수 있는 기생충은 무엇인가?

① *Ancylostoma duodenale*

② *Stongyloides stercoralis*

③ *Metagonimus yokogawai*

④ *Toxoplasma gondii*

제8회 최종모의고사

응시번호 _____   성명 _____   점수 _____ 점

01. 식품첨가물과 사용 가능한 식품을 바르게 연결한 것은?

① 소브산 – 마요네즈, 버터류, 치즈류, 과실주, 발효음료류(살균제외)

② 프로피온산나트륨 – 빵류, 치즈류, 소스

③ 유동파라핀 – 빵류, 캡슐류, 건조과일류, 건조채소류

④ 스테아릴젖산칼슘 – 빵류 및 이의 제조용 믹스, 면류, 과자(한과류 제외)

02. 감염병과 그 원인체를 연결한 것으로 옳은 것은?

① 리케차 – Q열, 파상열, 발진열, 발진티푸스

② 바이러스 – 홍역, 유행성이하선염, 파상풍, 유행성간염, 천열

③ 세균 – 백일해, 세균성 이질, 돈단독, 디프테리아, 렙토스피라, 유비저

④ 원생동물 – 아메바성 이질, 광견병

03. 독버섯의 독성분과 주요증상 및 특징을 바르게 연결한 것은?

① 프시로시빈 – 미치광이버섯 – 환각, 부포테닌의 입체이성체

② 무스카리딘 – 광대버섯, 파리버섯 – 심한 위장장애

③ 콜린 – 화경버섯 – 무스카린과 유사증상

④ 코프린 – 마귀곰보버섯 – 구토, 설사, 경련

04. 식중독에 대한 설명으로 옳은 것은?

① 식중독 지수가 71인 경우 경고단계에 해당한다.

② 살모넬라, 장출혈성 대장균, 캠필로박터제주니, 바실러스 세레우스 등은 식육에서 검출되어서는 아니된다.

③ 의사나 한의사가 식중독으로 인한 사체를 검안한 경우에는 지체없이 식품의약품안전처장에게 보고해야 한다.

④ 퍼프린젠스 식중독은 원인균이 장관내에서 증식하거나 아포를 형성할 때 독소를 생산하여 유발되는 독소형 식중독이다.

05. 식품의 제조·가공 및 조리 과정 중 혼입 및 보존에서 생성되는 유해물질에 대한 설명으로 옳지 않은 것은?

① 변이원성 물질인 헤테로고리아민류는 단백질의 열분해에 의해서 생성되며, 식품 중의 단백질 함량에 비례하고 수분함량에 반비례한다.

② 3-MCPD는 triacylglycerol 내 glycerol에 붙은 3개의 지방산과 염산의 염소기가 치환되어 글리세롤의 탄소위치에 따라 이성체가 형성된다.

③ 바이오제닉아민류는 미생물의 탈탄산반응으로 생성되는 분해산물로 발효온도가 높을수록, 저장온도는 낮을수록 생성률이 많아진다.

④ 국제암연구소(IARC)에서는 acrylamide와 ethylcarbamate를 동물에 대한 발암성 근거는 충분하지만, 사람에 대한 근거가 제한적인 것으로 분류하였다.

06. 동·식물의 세포나 세균세포에 기생하여 증식하며 광학현미경으로는 볼 수 없는 대단히 작은 초여과성 미생물인 바이러스(virus)에 대한 설명으로 옳은 것은?

① 바이러스는 DNA와 RNA를 가지며, 이를 보호하는 단백질로 구성된 매우 작은 구성체이다.

② 바이러스는 식품에서 증식하지 않으므로 식품의 품질에는 영향을 미치지 않으나 식품 등에 오염된 바이러스가 인간에게 전이되었을 때 식중독을 발생시킬 수 있다.

③ 대부분의 노로바이러스 감염은 경구 또는 접촉감염을 통하여 이루어지지만, 최근에는 경구백신을 통해 효과적으로 예방할 수 있게 되었다.

④ 로타바이러스는 비교적 환경에서 불안정하기 때문에 접촉에 의한 감염보다 오염된 식수 또는 식품을 경구섭취함으로써 감염되는 경우가 대부분이다.

07. 경구감염병과 세균성 식중독을 비교한 내용이다. 옳은 것을 고르시오.

	경구감염병	세균성 식중독
①	미량의 균으로는 감염 불가능	다량의 균으로 감염 가능
②	2차 감염이 많고 감염자가 최종감염	2차감염이 거의 없고 대부분 파상적 전파
③	식품 내 균 증식을 막아 예방조치 가능	예방조치 거의 불가능
④	면역성이 있는 경우가 많고 독력이 강함	일반적으로 면역이 없고 독력이 약함

08. 식품의 색을 안정화시키거나 유지 또는 강화시키는 식품첨가물에 대한 설명으로 옳은 것은?

① 수용성 안나토는 황색 ~ 등적색의 수용성 색소로 주로 비엔나소시지에 이용된다.

② 식육가공품, 어육소시지, 명란젓, 대구알염장품, 치즈류, 연어알젓 등에는 사용기준이 정해져 있으나, 기타식품을 사용할 때는 사용량에 제한을 받지 아니한다.

③ 아질산나트륨과 질산나트륨은 대구알염장품에는 사용해서 안되고, 명란젓 및 연어알젓에는 아질산나트륨만 사용되고 치즈류에는 아질산나트륨을 사용해서는 안된다.

④ 해당 첨가물은 식육추출가공품을 제외한 식육가공품에 0.7g/kg 이하로 사용 가능하다.

09. 동물성 자연독과 그 중독증상에 대한 설명으로 옳지 않은 것은?

① 독꼬치의 독성분은 지용성의 마비성신경독으로 내열성이 강하다.

② 수루가톡신은 광선을 쐬면 빨간피부가 생기며 화상을 입은것과 같은 피부염증이 생긴다.

③ 고니아톡신은 사지가 마비되므로 보행이 곤란해지고 호흡마비를 일으켜 사망에 이른다.

④ 디노피시스톡신은 설사를 주요증상으로 메스꺼움, 구토, 복통 등을 일으킨다.

10. 다음 〈보기〉에서 설명하는 바퀴(cockroaches)를 순서대로 나열한 것은?

> ───────〈보기〉───────
> 가. 먹바퀴와 아주 비슷하나 몸집이 좀 작고 암컷의 날개가 짧아서 복부 중앙부까지 밖에 닿지 않으므로 쉽게 식별할 수 있다. 또 수컷은 몸집이 가늘고 흉부배면이 약간 울퉁불퉁하므로 평활한 먹바퀴와 구분된다.
> 나. 우리나라에서 가장 많이 발견되는 것으로 몸길이가 1 ~ 1.5cm로 가주성 바퀴 중 가장 작으며 수컷은 밝은 황갈색이고 암컷은 약간 검다.

① 가 – 일본바퀴, 나 – 독일바퀴
② 가 – 이질바퀴, 나 – 독일바퀴
③ 가 – 독일바퀴, 나 – 검정바퀴
④ 가 – 미국바퀴, 나 – 일본바퀴

11. 식품첨가물의 안전성 검사를 위해 시행되는 독성시험에 대한 설명으로 옳지 않은 것은?

① 만성독성시험의 실험동물로는 적어도 2종을 사용하며, 쥐와 설치동물이 아닌 개 또는 원숭이를 이용하는 것이 보통이다.
② LD_{50}이 5mg/kg은 10mg/kg보다 독성이 2배 강하다고 볼 수 있으며, 독약은 LD_{50} 30mg/kg 이하인 경우를 말한다.
③ 발암성 시험은 살모넬라균을 이용하여 시험물질의 변이원성을 확인하는 것이다.
④ 식품첨가물의 쥐에 대한 실험결과가 30mg/kg/day이고 안전계수가 100이었다면, 체중 60kg인 사람에 대한 ADI 값은 18mg/day이다.

12. 위해평가 과정 중 위해요소가 생체에 미치는 영향에 대한 용량 – 반응성 평가 등을 통해 인체에 독성을 일으키는 양을 확인하는 과정을 무엇이라 하는가?

① hazard characterization
② hazard identification
③ exposure assessment
④ risk characterization

13. 다음 곰팡이 중 신경독을 유발하는 균주가 아닌 것은?

① *Penicillium cyclopium*
② *Penicillium expansum*
③ *Aspergillus vesicolor*
④ *Aspergillus oryzae var. microsporus*

14. 다음 〈보기〉에 나열된 미생물들의 공통점은 무엇인가?

> ───────〈보기〉───────
> • *Cl. perfringens*
> • *B. cereus*
> • *Cl. botulinum*
> • Enterotoxigenic *E. coli*

① 내생포자를 생성하는 포자형성균이다.
② 생체 내에서 생성된 독소에 의해 식중독이 유발된다.
③ 열에 대한 저항력이 강한 균주이다.
④ 이열성의 독소를 생성한다.

15. 지표미생물(indicator organism)은 식품의 제조·가공 또는 저장과정이 위생적이었는지 또는 농축수산물 등의 식품이 위생적으로 안전한 환경에서 생산되었는지를 나타내는 지표가 된다. 이러한 식품위생의 지표미생물에 대한 설명으로 옳은 것은?

① 사람과 동물의 분변에 다량 존재해야 하며, 체내에서 배출된 후에는 기타 병원균보다 생존기간이 짧아야 한다.
② 식품 내 존재하는 부패균의 오염정도나 미량 존재하는 식중독 균주들을 개별적으로 검출하기 위한 것이다.
③ 대장균군에 속하는 장구균은 과거 냉동오염 지표균으로 불려 왔다.
④ 장구균 검사는 AC 배지, KF 한천배지 등을 사용하여 37℃에서 48시간 배양하는 방법을 이용한다.

16. 다음 〈보기〉에서 곰팡이독과 장애부위를 연결한 것으로 틀린 것은?

```
─────── 〈보기〉───────
가. citreoviridin – 경련, 마비
나. rubratoxin – 간 기능장애
다. ergometrine – 신부전증
라. aflatoxin – 간암
마. zearalenone – 식도암
```

① 가, 나
② 가, 마
③ 나, 다
④ 다, 마

17. 카드뮴(Cd)에 대한 설명으로 옳지 않은 것은?

① 폐광 주위에서 재배한 곡류를 장기간 섭취한 사람에게서 골연화증이 나타날 수 있다.
② 이타이이타이병은 일본 도야마현 신쯔우가와 상류에 있던 미쓰이 금속제련소에서 방출된 폐수에 의해 발생하였다.
③ 소화관에서 흡수율이 낮으나 축적성이 매우 높아 생물학적 반감기는 10년 이상이다.
④ 농산물이나 축산물과 달리 상대적으로 검출률이 낮은 수산물이나 가공식품에는 기준이 설정되어 있지 않다.

18. 식품제조, 가공업소 및 집단급식업소의 시설 및 작업환경 위생관리에 대한 설명으로 옳은 것은?

① 바닥은 작업 특성상 필요한 경우를 제외하고는 마른 상태를 유지해야 하며, 적당한 경사(1 ~ 4 /100cm)를 주어 배수가 잘 되도록 한다.
② 냉동육류 또는 어패류의 경우 15℃ 이하 흐르는 물로 해동한다.
③ 작업장 내부는 종업원의 피로를 예방하기 위해 밝은 것이 좋으며, 일반작업실 및 원료창고, 내포장실은 220룩스 이상을 유지한다.
④ 배수로는 퇴적물이 쌓이지 않아야 하고, 일반구역에서 청결구역으로 흐르도록 해야 하며 생산라인을 통과하지 않도록 한다.

19. 소비자 안전을 위한 주의사항 중 알레르기 유발물질 표시에 관한 내용으로 옳은 것은?

① 바탕색과 구분되도록 별도의 알레르기 표시란을 마련하여 알레르기 표시대상 원재료명을 표시하여야 하며, 활자크기는 12포인트 이상으로 하여야 한다.

② 돼지고기, 오리고기, 메밀, 고등어, 토마토, 호두, 전복 등은 표시대상이다.

③ 표시대상 식품 또는 식품첨가물을 원재료로 사용한 경우 함유된 양과 관계없이 표시해야 하나, 대상식품으로부터 추출 등의 방법으로 얻은 성분은 제외된다.

④ 알레르기 물질을 사용하는 제품과 사용하지 않은 제품을 같은 제조과정을 통해 생산하기 때문에 불가피하게 혼입가능성이 있는 경우에는 주의사항 문구를 표시하여야 한다.

20. 「식품위생법」에서 사용하는 용어의 정의로 옳은 것은?

① 집단급식소란 1일 50명 이상에게 식사를 제공하는 급식소를 말한다.

② 식품이력추적관리란 식품을 제조·가공단계부터 판매단계까지 각 단계별로 정보를 기록하여, 그 식품의 문제가 발생할 경우 필요한 조치를 할 수 있도록 관리하는 것을 말한다.

③ 집단급식소에는 기숙사, 학교, 병원, 사회복지시설 등이 있으며, 100명 이하의 산업체는 해당되지 아니한다.

④ 기구란 식품 또는 식품첨가물을 주고받을 때 함께 건네는 물품을 말한다.

제9회 최종모의고사

응시번호 _____ 성명 _____ 점수 _____점

01. 다음 〈보기〉에서 설명하고 있는 조개 중독의 독성분은 무엇인가?

〈보기〉

모시조개, 검은조개, 홍합, 가리비, 백합 등 껍질이 2장인 패류가 독화되어 일으키는 중독이다. 독화의 원인이 되는 유독플랑크톤으로 *Dinophysis fortii*, *Dinophysis acuminata* 등이 알려져 있다. 중독증상은 섭취 후 4시간 이내에 일어나며 설사를 주증상으로 구토, 복통 등이 동반된다.

① pectenotoxin
② domoic acid
③ saxitoxin
④ venerupin

02. 황색포도상구균(*Staphylococcus aureus*) 식중독에 대한 설명으로 옳은 것은?

① 가열조리 후 바로 섭취한 식품이나 살균 우유 등에 의해서도 식중독이 발생되는 원인은 균주의 내열성 때문이다.
② 일반조리법으로는 파괴되지 않는 내열성의 장독소로, 발열은 없으나 구토, 복통 및 심한설사로 인하여 1 ~ 2일 이내에 사망에 이른다.
③ 황색포도상구균을 혈청배지에서 배양하면 대부분의 균주는 집락주변에 용혈환을 나타낸다.
④ 10 ~ 40℃, pH 6.8 ~ 7.2에서 독소생산이 가능하나, 10% NaCl 이하에서는 독소생성이 억제된다.

03. 식품의 부패 및 변질을 예방하기 위한 화학적 방법으로 옳지 않은 것은?

① 훈연은 식품에 독특한 향기를 주어 기호성을 높이고, 건조에 따른 보존효과가 상승하며 훈연 중 살균성분 침투에 의한 방부효과가 있다.
② 식염의 미생물 생육저해는 산소의 용해도 증가 및 탈수작용에 의한 식품 내 수분감소, 효소 활성 저해, 염소이온의 독작용 등에 의한 것이다.
③ 세포 내부보다 많은 용질이 존재하는 고장성(高張性) 환경에서는 세포 중의 수분이 밖으로 빠져나가 세포는 비가역적으로 손상되고 사멸하게 된다.
④ 온도나 염분 등의 다른 미생물 생육 억제요인을 pH와 조합하면 보존효과를 높일 수 있다.

04. 내분비계 장애물질은 호르몬의 신호전달을 방해하여 생체호르몬 대신 수용체와 결합하거나 호르몬과 수용체의 결합을 방해하여 생체 내 내분비계를 교란시키고 비정상적인 생체반응을 유도한다. 이러한 내분비계 장애물질 중 다이옥신에 대한 설명으로 옳지 않은 것은?

① 국제암연구소(IRAC)에서 '확인된 인체발암물질(group 1)'로 분류된다.
② 동물 대부분은 공통적으로 흉선 임파구의 감소현상이 나타나고, 사람에게는 대표적으로 염소여드름증이 나타난다.
③ 식품용기에 끓는 물을 부어 단시간에 음식을 익히는 동안 단량체 등이 식품으로 전이되어 문제를 야기시킨다.
④ 매우 안정하고 상온에서는 무색의 결정으로 물에는 녹지 않고 유기용매에 잘 녹는다.

05. 유행성 간염으로 알려진 A형 간염과 E형 간염을 비교한 것으로 옳은 것은?

① 만성화 경향이 없고 예방접종으로 예방 가능하다.
② 껍질이 없고 ssRNA를 지니는 구형 바이러스 형태다.
③ 황달을 동반하고 치명률이 거의 비슷하다.
④ E형 간염의 잠복기는 45 ~ 150일로 A형 간염에 비해 훨씬 길다.

06. 식품 중 위해요소에 대한 위해평가(risk assessment) 절차를 바르게 설명한 것은?

① 위험성 결정은 사람이 위해가 되는 물질에 일상생활 및 식품문제 발생 상황에서 얼마만큼 섭취하는지를 확인하는 과정이다.
② 노출평가는 위해요소의 인체 노출 허용량을 산출하는 과정이다.
③ 위험성 확인은 건강에 위해를 주는 물질이 무엇이며, 이의 물리화학적 특성 및 생체에 대한 규명을 하는 과정이다.
④ 위험성 결정은 위해요소의 인체 내 독성을 확인하는 과정이다.

07. 식품위생검사 중 미생물 시험법에 대한 설명으로 옳은 것은?

① 정성 및 정량분석이 가능한 시험법에는 표준평판법, 건조필름법, BGLB법, 데스옥시콜레이트 유당한천배지법 등이 있다.
② 장염비브리오균 분리에는 TCBS 한천배지와 oxford 한천배지가 이용된다.
③ 건조필름배지를 이용하여 일반세균수를 측정하기 위해 35±1℃에서 48±2시간 배양한 후 생성된 붉은 집락수를 계수한다.
④ 통·병조림 식품의 가온보존시험 시 시료 5개를 개봉한 후 배양기에서 10일간 보존한다.

08. 한계기준(critical limit)은 중요관리점 조건별 위해요소 제어효과 시험자료 등 과학적 근거를 바탕으로 위해요소를 제어하거나 허용수준 이하로 관리하기 위한 조건으로 최저치 및 최고치로 수립하여야 하며, 현장에서 신속하고 쉽게 확인·기록할 수 있는 조건으로 설정하여야 한다. 다음 중 한계기준에 해당하는 조건은?

〈보기〉

㉠ 굽기온도, 굽기시간, 품온 유지시간
㉡ 소독농도, 소독수 교체주기, 헹굼방법, 헹굼시간
㉢ 이물검출설비(금속검출기, X-RAY 등) 이물 크기별 감도
㉣ UV 살균 파장 및 시간

① ㉠, ㉢
② ㉡, ㉣
③ ㉣
④ ㉠, ㉡, ㉢, ㉣

09. 유해성 식품첨가물과 관련된 설명으로 옳은 것은?

① 로다민 B – 적색의 산성 타르색소, 토마토케첩, 전신착색, 색소뇨
② 삼염화질소 – 밀가루 표백, 포름알데히드 용출, 압맥, 국수, 어묵에 사용
③ 실크스칼렛 – 주황색의 수용성 타르색소, 두통, 마비, 대구알젓 중독사고
④ 둘신 – 설탕의 250배 감미, 간종양, 중추신경계 장애, 옥살산(oxalic acid) 생성

10. 식물성 자연독 성분에 대한 설명으로 옳지 않은 것은?

① 미치광이풀은 가지과에 속하는 다년생 초목으로 뿌리를 산마로 잘못 알고 식용한 경우, 알칼로이드 독성분에 의해 흥분, 호흡곤란, 동공확대 등의 증상이 유발된다.

② 소철의 줄기와 종자에는 전분과 배당체가 함유되어 있으며, 정제 불충분 시 함유된 신경독 물질로 인해 간, 신장 등에 종양을 발생시키며 근위축성측색경화증를 일으키기도 한다.

③ 쥐방울풀에는 benzofuran toxol이 함유되어 있어 이것을 먹은 소의 우유에 혼입될 수 있으며, 방풍나물, 샐러리, 파슬리 등의 채소에는 myristicin 이라는 환각작용을 일으키는 물질이 들어있다.

④ 독미나리의 시큐톡신은 맹독성의 알칼로이드로 성인의 경우 근경(根經)하나로 사망하기도 하며, 복부의 동통, 구토, 정신착란과 호흡마비 등을 유발한다.

11. 1968년 미국 오하이오주의 노워크 초등학교에서 집단발생하여 노워크바이러스라고도 불리우는 노로바이러스 식중독의 특징으로 옳지 않은 것은?

① 원인바이러스는 식품을 냉장고 등 저온에서 보관하여도 증식할 수 있다.

② 10 비리온으로도 발병가능하며, 구토나 설사 증상 없이도 바이러스를 배출하는 무증상감염자도 존재한다.

③ PCR 방법을 통해 원인 바이러스의 핵산을 증폭하여 감염여부를 확인할 수 있다.

④ 감염력이 강하고 손에 오염되기 쉬우며, 구토물로도 감염된다.

12. 식품에서 유래하는 곰팡이(molds)의 생육 특성에 대한 설명으로 옳지 않은 것은?

① 곰팡이의 생육 적온은 세균보다 낮은 편이며, pH 2 ~ 8.5의 넓은 범위에서 성장가능하다.

② 독소(mycotoxin)를 생산하여 식중독을 유발할 수 있으나, 장류(된장, 간장)와 치즈 등의 발효식품 및 효소 등을 생산하는 데에도 활용하고 있다.

③ 균사와 포자를 통해 번식이 이루어지고 포자는 적당한 환경에서 발아하여 균사로 되며, 곧 균사체를 형성한다.

④ 곰팡이는 효모와 함께 진핵세포인 진균류에 포함되며, 미생물 중 가장 크고 난형이나 타원형, 구형, 위균사형 등의 형태를 지닌다.

13. 클로스트리디움 보툴리늄 식중독에 대한 설명으로 옳은 것을 모두 고르시오.

〈 보기 〉

㉠ 원인균은 그람양성의 포자를 형성하는 편성혐기성균으로, 생성된 내생포자는 120℃에서 6시간 이상 가열하여도 사멸하지 않는다.

㉡ E형 균의 발육최적온도는 3.3℃로 저온균이며, 어패류와 관계가 깊고 일본, 러시아, 스칸디나비아 반도 등에서 발생이 많다.

㉢ 경구적으로 섭취된 독소는 말초신경의 콜린작동성 신경접합부에서 아세틸콜린을 유리시켜 신경 전달을 저해하는 것으로 알려져 있다.

㉣ 신경계 마비가 주된 증상이나 신경증상 전에 구토, 복통 등의 위장증상을 나타내는 경우도 있으며, 발열은 거의 없고 사망은 주로 호흡부전에 의한다.

① ㉠, ㉢
② ㉡, ㉣
③ ㉠, ㉡, ㉢
④ ㉣

14. 식품의 제조과정에서 생성되는 바이오제닉아민에 대한 설명으로 옳은 것은?

① 미생물의 탈탄산반응으로 인해 생성되는 분해산 물로 열에 불안정하다.
② cadaverine의 전구체는 lysine이고, putrescine 의 전구체는 arginine이다.
③ 식품에 스타터를 도입하고, pH를 낮춰주어 decarboxylase 활성을 효과적으로 억제할 수 있다.
④ 최근 바이오제닉아민을 Group 1의 확인된 인체 발암물질로 규정하고 있다.

15. 채소류에서 감염되는 기생충에 대한 설명으로 옳은 것은?

① 회충은 인체내에서 흡혈과 출혈에 의한 빈혈, 전 신권태, 현기증, 두통, 복통, 설사 등의 증상을 유발한다.
② 십이지장충의 감염경로는 주로 경구적이지만 경 피감염 되기도 하며, 체내 이행성이 없어 대부 분은 자각하지 못하며 특별한 병변도 없다.
③ 요충의 포낭은 외막을 가지고 있으므로 외계의 조건에 대해 저항력이 있다.
④ 구충란은 회충란에 비해 저항력이 약하고 열에 약해 70℃에서 1초만에 사멸한다.

16. 바이러스 매개 인수공통감염병으로만 묶인 것은?

① 일본뇌염, 천열
② 페스트, 광견병
③ 유행성간염, 폴리오
④ 신증후군출혈열, 인플루엔자

17. 「식품첨가물의 기준 및 규격」 설정 시 기본원칙에 대한 설명으로 옳지 않은 것은?

① 식품의 영양가를 유지해야 하지만, 일상적으로 섭취되는 식품이 아닌 경우에는 영양가를 의도 적으로 저하시킬 수 있다.
② 식품의 특성, 본질 또는 품질을 변화시키는 경우 에는 사용될 수 없다.
③ 질병치료 및 기타 의료효과를 목적으로 하는 경 우에는 원료로 공급할 수 없다.
④ 식품의 제조, 가공과정 중 결함있는 원재료의 보조적 역할로 사용될 수 있다.

18. 소독은 해로운 병원미생물을 사멸하거나 안전한 수 준까지 감염력을 상실시키는 것을 의미하며, 세척 을 대신할 수 없으므로 식품 접촉표면은 소독하기 전에 반드시 세척하고 헹군 후 소독해야 한다. 이러 한 소독제의 특징을 설명한 것으로 옳은 것은?

① 70% 에틸알코올은 생활균에 대한 살균력이 매 우 크므로 주로 손소독에 이용하나, 식기소독에 는 사용할 수 없다.
② 크레졸이나 역성비누는 균체의 세포막을 손상시 키고 단백질을 변성함으로써 살균력을 나타낸다.
③ 포름알데히드는 살균력과 침투력이 강한 멸균용 가스로 독성이나 인화성이 강하다.
④ 요오드, 역성비누, 생석회 등은 결핵균이나 포자 형성균에 효과적인 소독제이다.

19. 식품위생 및 「식품위생법」에 대한 설명으로 옳은 것은?

① 「식품위생법」에서 정의하는 식품위생이란 식품, 식품첨가물, 기구 또는 용기·포장을 대상으로 하는 영업에 관한 위생을 말한다.

② 식품위생은 식중독과 경구감염병으로 분류된다.

③ 버섯독, 복어독, 곰팡이독 등 유독물질은 내인성 위해요인에 해당된다.

④ 「식품위생법 시행령」은 「식품위생법」에서 위임된 사항과 그 시행에 관하여 필요한 사항을 규정하는 것으로서 대통령령이다.

20. *Aspergillus* 속에 의해 생성되는 아플라톡신에 대한 설명으로 옳은 것은?

① aflatoxin B_1을 장기간 다량 섭취할 경우 사람에게 간암을 일으킬 가능성이 있어 국제암연구소에서는 인체 발암성 group 2A로 분류하고 있다.

② aflatoxin M_1은 발암성 독소인 aflatoxin B_1이 동물의 생체 내에서 전환된 형태이다.

③ aflatoxin G_1은 자외선 조사 시 녹색 형광을 나타내는 것으로 B_1과 달리 열에 불안정하다.

④ 제조·가공직전의 원유 및 우유류에 대한 총 아플라톡신의 검출기준은 0.5ppb 이하이다.

제10회 최종모의고사

01. 다음 식물성 자연독 성분의 예방 및 제거 방법을 바르게 연결한 것은?

① 감자 – 사포닌 – 발아부위 제거
② 청매 – 아미그달린 – 물에 담가 용출
③ 독보리 – 테물린 – 착유 시 충분한 정제
④ 독우산광대버섯 – 아마니타톡신 – 가열하여 물에 우려내기

02. 대장균(Escherichia coli)은 사람이나 동물의 장내 상재 세균으로 장내 발효에 중요한 역할을 맡고 있다. 그러나 대장균 중 특정 혈청형 균이 사람에게 병원성을 나타낸다는 것이 밝혀져 이들을 병원성 대장균이라고 한다. 이러한 병원성 대장균 중 장관출혈성 대장균(Enterohemorrhagic E. coli)에 대해 설명한 것으로 옳지 않은 것은?

① 원인균은 일반 대장균과 마찬가지로 장내세균과에 속하는 통성혐기성 간균으로 그람음성이고 내생포자가 없다.
② 주모성 편모가 있어 운동성이며, 최적 발육온도는 37℃이고 45℃ 이상에서는 발육하지 않는다.
③ 감염의 20% 정도는 용혈성 요독증후군 같은 질병을 일으키고, 심한 경우 신부전증으로 발전하기도 하며 이 경우 사망률은 높은 편이다.
④ E. coli O157 : H7은 TC-SMAC 배지와 BCIG 한천배지에서 무색의 집락을 나타낸다.

03. 식품의 조사처리(food irradiation)에 대한 설명으로 옳지 않은 것은?

① 식품에 이용될 수 있는 방사선의 종류에는 Co^{60}에서 방출되는 감마선과 전자가속기에서 발생되는 100MeV 이하의 전자선을 들 수 있다.
② 식품조사처리는 승인된 원료나 품목 등에 한하여 위생적으로 취급 · 보관된 경우에만 실시할 수 있다.
③ 식품의 수분활성도는 방사선효과에 영향을 미치며, 건조식품은 방사선 효과가 낮아진다.
④ 식품에 대한 방사선 조사량은 방사선 흡수선량으로 나타내고, 그 단위는 gray(Gy)가 사용된다(1Gy = 100rad = 1 joule/kg).

04. 호르몬의 신호전달을 방해하여 생체호르몬 대신 수용체와 결합하거나 호르몬과 수용체의 결합을 방해하여 생체 내 내분비계를 교란시키는 내분비계 장애물질(endocrine disruptors)에 대한 설명으로 옳지 않은 것은?

① 내분비계 장애를 일으키는 환경오염물질로는 PCB, BPA, styrene dimer, DES, DDT, melamine, phthalate 등이 있다.
② 강한 지용성이며, 내분비계에 작용하므로 극미량으로 생식기능장애를 유발할 수 있다.
③ 약물성 환경호르몬인 DES(diethylstilbestrol)에 노출된 임산부에게서 태어난 남아의 경우 고환기형, 생식력 저하 등이 관찰되었다.
④ 폴리스티렌 용기(두부용기, 즉석면 용기, 도시락 용기)는 끓는 물을 부어 단시간에 음식을 익히는 동안 스티렌 다이머 등이 식품으로 전이될 수 있다.

05. 식품첨가물을 사용 목적에 따라 분류한 것으로 옳지 않은 것은?

① 식품제조 시 첨가 – 황산알루미늄칼륨, 알긴산칼륨
② 관능을 만족시키기 위해 첨가 – 수용성안나토, 차아황산나트륨
③ 식품의 품질을 유지하기 위해 첨가 – 아조디카르본아미드, 유동파라핀
④ 변질 및 변패를 방지하기 위해 첨가 – 과산화초산, 초산비닐수지

06. HACCP에 대한 설명으로 옳은 것은?

① 신규제품이나 추가된 공정에 대해 식품안전관리인증기준에서 정한 위해요소분석을 실시하지 않은 경우 인증이 취소될 수 있다.
② 위해요소 분석 시 보건상 위험이 높은 심각성을 지닌 위해요소는 CCP로 우선 결정한다.
③ 확인된 위해의 관리를 위한 예방조치방법이 있는 경우 CP로 결정한다.
④ HACCP 적용업소 신규교육의 경우 반드시 인증신청 이전에 교육을 이수해야 하며, 팀장의 경우 16시간을 이수해야 한다.

07. 치명률이 높거나 집단발생의 우려가 커서 발생 또는 유행 즉시 신고하여야 하는 법정감염병은?

① A형 간염
② 후천성면역결핍증
③ 장출혈성대장균감염증
④ 신종인플루엔자

08. 검체채취의 일반원칙 및 취급요령에 대한 설명으로 옳은 것은?

① 깡통, 병, 상자 등 용기에 넣어 유통되는 식품은 개봉하여 다량의 검체를 채취해야 한다.
② 냉동검체의 경우 흐르는 물에서 2시간 이내에 해동하여 검체를 채취해야 한다.
③ 시럽상 식품 등 검체의 점도가 높아 채취하기 어려운 경우 가온 등 적절한 방법으로 점도를 낮추어 채취할 수 있다.
④ 미생물학적 검사를 위한 검체는 가능한 미생물에 오염되지 않도록 단위포장상태 그대로 수거해야하며 검체를 소분해서는 안된다.

09. 온도가 낮은 지역에서 주로 생육하는 *Fusarium* 속이 생성하는 독소를 바르게 연결한 것은?

① *Fusarium trincinctum* – T-2 toxin, deoxynivalenol
② *Fusarium roseum* – vomitoxin, zearalenone
③ *Fusarium moniliforme* – fagicladosporic acid
④ *Fusarium sporotrichoides* – fumonisin

10. 퍼프린젠스 식중독의 원인균주와 생성독소에 대한 설명으로 옳은 것은?

① 원인균주는 최적발육온도(35 ~ 37℃)에서 세대시간이 10 ~ 12분으로 매우 빠르다.
② 설사를 유발하는 장염의 원인독소는 이열성의 단순단백질이다.
③ 식품 섭취 전 충분한 가열을 통해 원인균의 영양세포와 포자를 사멸할 수 있으므로 식중독을 예방할 수 있다.
④ 엔테로톡신은 이화학적 처리에도 매우 안정하여 pH 2 ~ 11, 126℃, 90분 가열에도 실활되지 않는다.

11. 식품의 제조과정이 위생적이고 안전한 환경인지 나타내는 지표미생물에 대한 설명으로 옳지 않은 것은?

① 대장균은 시트르산을 탄소원으로 이용할 수 없어 구연산시험에서 양성을 나타낸다.

② 대장균군에 비해 대장균은 분변에 의한 오염을 보다 확실하게 추정할 수 있다.

③ 대장균군은 가열 식품에 있어서 위생지표균으로 사용될 수 있으며, 이는 가열 후 재감염이거나 다른 요인에 의해 오염이 발생했음을 알려준다.

④ 병원균과 유사한 정도로 생존이 가능해야 한다.

12. 식품의 변질을 유발하는 원인미생물을 바르게 연결한 것은?

① 우유의 황변 – *Pseudomonas synxantha*
② 고구마 흑반병 – *Mucor racemosus*
③ 식빵의 적색변패 – *Streptococcus lactis*
④ 통조림 무가스 산패 – *Bacillus licheniformis*

13. 중금속에 의한 식품 오염을 바르게 설명한 것은?

① 무기금속은 지용성이 높기 때문에 체내에서는 지질이 풍부한 뇌신경 세포에 분포하여 중추신경계에 독성을 나타낸다.

② 아연은 필수영양원소이나 식품 조리기구에서 물이나 탄산에 의해 생성된 녹청을 한꺼번에 다량 흡입하여 복통, 설사, 구토, 경련 등의 중독증상을 유발할 수 있다.

③ 유기납은 조혈계, 중추 및 말초 신경계, 신장, 소화기계에 장애를 주며, 혈구를 만드는 산화효소를 억제시켜 빈혈이 발생한다.

④ 6가 크롬은 경구, 경피, 기도로 흡수되어 3가 크롬으로 환원되는데, 이때 궤양, 피부염, 알레르기성 습진, 결막염, 비염 등을 일으킨다.

14. 다음 〈보기〉에서 설명하는 기생충과 숙주의 연결이 옳은 것은?

───── 〈보기〉 ─────

가. 인체 조충류 중 가장 큰 기생충으로 감염 시 소화기장애, 빈혈등의 증상을 유발한다.

나. 선충류 중 가장 작은 기생충으로서, 한 숙주에서 성충과 유충을 동시에 발견할 수 있는 것이 특징이다.

다. 우리나라에서 양성률이 가장 높고, 간의 담관에 기생하여 간비대 등의 증상을 유발한다.

라. 고래회충이라고도 불리우며 유충이 식도, 위장벽 등의 점막에 부착하여 호산구성 육아종을 형성한다.

① 라 – 잉어, 붕어
② 다 – 돌고래
③ 가 – 농어
④ 나 – 쇠고기

15. 다음 그림의 구조를 지닌 식품첨가물의 특징을 바르게 설명한 것은?

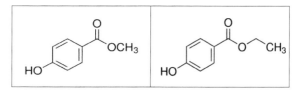

① 최종식품 완성 전에 분해하거나 제거해야 한다.
② 빵류에 사용할 수 있다.
③ pH에 영향을 받지 않는다.
④ 치즈류, 버터류, 마가린에 한해 사용할 수 있다.

16. 「식품위생법」 제5조 병든 동물 고기 등의 판매 등 금지에 관한 조항에 대한 설명으로 옳은 것을 모두 고르시오.

> ㉠ 병든 동물 고기를 판매할 목적으로 채취, 수입, 가공, 사용, 조리, 저장, 소분, 운반 또는 진열하여서는 아니된다.
> ㉡ 병든 동물의 머리, 뼈, 젖, 장기 또는 혈액을 식품으로 판매해서는 안된다.
> ㉢ 5년 이내에 다시 죄를 범한 자는 3년 이상의 징역에 처하며, 해당 식품을 판매한 때에는 판매금액의 4배 이상의 벌금을 병과 할 수 있다.
> ㉣ 강제로 물을 먹였다고 믿을 만한 역학조사가 있는 경우에는 판매가 불가능하다.

① ㉠, ㉡, ㉢
② ㉠, ㉣
③ ㉡, ㉢
④ ㉣

17. 세균성 식중독을 유발하는 원인균주의 특성 및 감염경로에 대한 설명으로 옳은 것은?

① 에어로모나스 식중독의 원인균은 하천수나 담수어에 널리 분포하는 *Aeromonas hydrophila*로 그람음성의 간균이며 어패류, 마카로니 등이 주요 원인식품이다.
② 보툴리누스균은 포자를 형성하지만, 섭취 직전에 충분한 가열을 통해 영양세포를 사멸함으로써 식중독을 예방할 수 있다.
③ 살모넬라균은 혈청학적으로 2,000개 이상의 균형이 관찰되며, *S. typhi, S. enteritidis, S. thompson, S. infantis, S. cholerasuis* 등은 식중독을 유발하는 것으로 알려져 있다.
④ 사카자키균은 그람음성 구균의 통성혐기성균으로 열저항력이 강한 특징을 지닌다.

18. 곰팡이독(mycotoxin)에 대한 설명으로 옳은 것은?

① 탄수화물이 풍부한 곡류에 많이 발생하며 원인 식품에서 곰팡이가 분리되고, 항생물질에 의한 치료효과가 거의 없다.
② *Pen. patulum, Asp. expansum, Pen. urticae* 등은 patulin 생성균주로 알려져 있다.
③ 간에서 장애를 일으키는 독소로는 rubratoxin, sterigmatocystin, maltoryzine, islanditoxin, leuteoskyrin 등이 있다.
④ 원인 곰팡이는 냉장온도에서도 활발하게 증식할 수 있으므로 습도 60% 이하, 0℃ 이하 냉동조건에서 보관해야 중독을 예방할 수 있다.

19. 방사성 물질에 대한 설명으로 옳은 것은?

① 체내에 들어갔을 때 장애를 주는 정도는 $\alpha > \beta > \gamma$ 순이며, 에너지가 강할수록 크다.
② ^{137}Cs은 물리적 반감기가 30년이나 되며 칼슘과 친화력이 강하기 때문에, 식품과 함께 섭취되면 뼈에 침착하기 쉽고, β선이나 γ선을 장기간 방사하게 된다.
③ 영아용 조제식이나 성장기용 조제식의 ^{131}I 법정기준은 50Bq/kg 이하이다.
④ 실제(유효)반감기는 몸 안에 들어온 방사성 물질의 절반가량이 우리몸의 대사과정을 거쳐 몸 밖으로 배출되는데 걸리는 시간을 말한다.

20. 식품 취급 시설의 구비조건으로 옳은 것은?

① 벽과 창문의 접착부에는 모서리를 둥글게 잇는 커빙 설비를 해야 한다.
② 조리장을 제외한 모든 시설에는 30 mesh 정도의 방충·방서용 금속망을 설치한다.
③ 손세척 설비는 조리장, 조리준비실, 식기세척실, 화장실 바로 밖에 반드시 설치한다.
④ 창의 면적은 벽 면적의 20 ~ 30%, 바닥면적의 70%로 설정한다.

합격해

식품위생

전공모의고사
vol.1

해설편

01	02	03	04	05	06	07	08	09	10
②	②	②	①	①	④	③	③	③	①
11	12	13	14	15	16	17	18	19	20
②	①	④	④	②	②	④	②	③	④

01 [소독과 살균, 난이도 중]

해설

감염병 관리상 소독은 환자와 일반인 사이에 하나의 벽(barrier)을 만드는 것이다. 소독법은 목적에 따라 2가지로 나누어 생각할 수 있다.
- **즉시 소독법**: 필요에 따라 수시로 소독하는 방법
- **종말 소독법**: 환자가 완치 퇴원하거나 사망 후 또는 격리 수용되어 감염원을 완전히 제거하는 방법

02 [식물성 자연독, 난이도 중]

해설

① 은행 – 메틸피리독신 – 다량 섭취 시 위장장애
③ 고사리 – 프타퀼로사이드 – 발암성, 이열성
④ 감자 – 솔라닌 – 알칼로이드 배당체, 내열성

03 [다이옥신, 난이도 중]

해설

① 다이옥신은 염소의 수와 위치에 따라 염소체로서 75개의 이성체가 있다.
③ 다이옥신의 생성량을 줄이기 위해서는 850℃ 이상의 온도로 소각해야 한다.
④ 돼지고기에서 다이옥신 검출기준은 2.0pg TEQ/g fat 이하로 설정되어 있다.

04 [식품첨가물, 난이도 중]

해설

② 식품의 색을 제거 – 표백제
③ 식품의 색도 유지 – 발색제
④ 섞이지 않는 두가지 상을 섞어주기 – 유화제

05 [화학적 식중독, 난이도 하]

해설

① 메탄올 – 포도주나 사과주와 같은 과실주

06 [표시대상 식품, 난이도 생]

해설

나트륨 (5)	• 조미식품(식초, 카레, 고춧가루, 식염, 소스류, 향신료가공품)이 포함된 유탕면, 국수, 냉면 • 햄버거 • 샌드위치
알레르기 유발 물질 (19)	• 알류(가금류에 한한다), 우유 • 메밀, 땅콩, 대두, 밀, 호두, 잣 • 복숭아, 토마토 • 쇠고기, 돼지고기, 닭고기 • 고등어, 오징어, 게, 새우, 굴, 전복, 홍합 포함한 조개류 • 아황산류(이를 첨가하여 최종제품에 SO_2로 10mg/kg 이상 함유한 경우에 한한다)
영양 표시 (27)	• 레토르트식품 • 과자, 캔디류, 빙과, 아이스크림류 • 빵류, 만두류 • 코코아 가공품류, 초콜릿류 • 잼류 • 식용 유지류(동물성유지류, 모조치즈, 식물성크림, 기타식용유지가공품은 제외) • 면류 • 음료류(다류, 볶은 커피 및 인스턴트 커피는 제외) • 특수용도식품 • 어육소시지 • 즉석섭취식품, 즉석조리식품 • 장류(한식메주, 한식된장, 청국장 및 한식메주를 이용한 한식간장은 제외) • 시리얼류 • 우유류, 가공유류, 발효유류, 분유류, 치즈류 • 햄류, 소시지류 • 건강기능식품
원산지 (27)	• 쇠고기 • 돼지고기 • 닭고기 • 오리고기 • 양고기 • 유산양을 포함한 염소고기 • 밥, 죽, 누룽지에 사용하는 찹쌀, 현미 및 찐쌀을 포함한 쌀 • 배추김치 원료인 배추, 얼갈이배추, 봄동배추 • 고춧가루 • 가공두부, 유바를 제외한 두부류 • 콩비지, 콩국수에 사용하는 콩 • 넙치, 조피볼락, 참돔, 미꾸라지, 뱀장어, 낙지 • 황태, 북어를 제외한 명태 • 고등어, 갈치, 오징어, 꽃게, 참조기, 다랑어, 아귀, 주꾸미 • 가리비, 우렁쉥이, 전복, 방어, 부세 • 조리하여 판매·제공하기 위하여 수족관 등에 보관·진열하는 살아있는 수산물

07 [캠필로박터, 난이도 중]

③ 10^3 이하의 소량균주로도 감염이 가능하고, 발열(38 ~ 39℃), 설사, 복통, 두통, 구토 등을 유발한다.

08 [간흡충, 난이도 중]

알 → 유모유충 → 포자낭유충 → 레디유충 → 유미유충 → 피낭유충 → 성충

09 [병원성미생물, 난이도 중]

③ 여시니아균은 유당을 분해하지 못하므로, 맥콩키한천배지에서 유당 비분해집락을 선별한다.

10 [카드뮴, 난이도 중]

① 메틸수은은 지용성이 커서 소화관과 폐에 흡수가 잘되며, 중추신경계와 태아조직에 농축되어 독성을 나타낸다.

11 [곰팡이독, 난이도 중]

① 탄수화물이 풍부한 곡류에 압도적으로 발생하며, 계절과 관련성이 있다.
② 수분활성도 0.9 이상(25℃)에서 생육하는 곰팡이를 호습균이라 한다. 호습균에는 *Alternaria*, *Botrytis*, *Fusarium*, *Mucor*, *Rhizopus* 속 등이 포함된다.
③ mycotoxin은 곰팡이가 생산하는 2차 대사산물로 열에 안정하나, 가공과정에서 분해되지 않고 잔류한다.
④ 원인식품에서 곰팡이가 분리되며, 사람에서 사람으로 2차 감염되지 않는다.

12 [식품의 변패 원인균, 난이도 중]

② 통조림 무가스산패 – *Bacillus coagulans*, *Bacillus stearothermophilus*
③ 식빵의 점질화(rope) 현상 – *Bacillus subtilis*, *Bacillus licheniformis*
④ 쌀밥의 변질 – 포자형성균(*Bacillus* sp. 등)

13 [식중독원인균주, 난이도 중]

	식중독	그람염색	산소요구성	편모	사멸조건
①	살모넬라	음성	통성 혐기성	주모성 편모	60℃, 20분
②	여시니아	음성	통성 혐기성	편모 있음	75℃, 3분
③	캠필로박터	음성	미호기성	긴편모	60℃, 30분

14 [오염지표균, 난이도 중]

④ 사람과 동물의 분변 중에 다량 존재해야 하며, 체내에서 배출된 후 병원균과 유사하거나 오래 생존해야 한다.

15 [유전자변형식품, 난이도 상]

② 유전자변형식품임을 표시하지 아니한 경우, 3년 이하의 징역 또는 3천만원 이하의 벌금에 처한다.

16 [면역, 난이도 중]

② 태아가 모체로부터 태반이나 수유를 통해 받은 면역을 자연수동면역이라 한다.

17 [HACCP 의무적용 대상식품, 난이도 하]

1. 수산가공식품류의 어육가공품류 중 어묵 · 어육소시지
2. 기타수산물가공품 중 냉동 어류 · 연체류 · 조미가공품
3. 냉동식품 중 피자류 · 만두류 · 면류
4. 과자류, 빵류 또는 떡류 중 과자 · 캔디류 · 빵류 · 떡류
5. 빙과류 중 빙과
6. 음료류[다류(茶類) 및 커피류는 제외한다]
7. 레토르트식품
8. 절임류 또는 조림류의 김치류 중 김치(배추를 주원료로 하여 절임, 양념혼합과정 등을 거쳐 이를 발효시킨 것이거나 발효시키지 아니한 것 또는 이를 가공한 것에 한한다)
9. 코코아가공품 또는 초콜릿류 중 초콜릿류
10. 면류 중 유탕면 또는 곡분, 전분, 전분질원료 등을 주원료로 반죽하여 손이나 기계 따위로 면을 뽑아내거나 자른 국수로서 생면 · 숙면 · 건면
11. 특수용도식품
12. 즉석섭취 · 편의식품류 중 즉석섭취식품
12의2. 즉석섭취 · 편의식품류의 즉석조리식품 중 순대
13. 식품제조 · 가공업의 영업소 중 전년도 총 매출액이 100억원 이상인 영업소에서 제조 · 가공하는 식품

18 [산화방지제, 난이도 하]

해설

② 이디티에이 2 나트륨은 금속이온과 강한 킬레이트화합물을 형성하여 산화촉진을 억제한다.

19 [위해평가, 난이도 중]

해설

③ 위험성 결정은 물리화학적 성질. 동물독성자료 등을 바탕으로 인체에 노출 허용량을 산출하는 과정이다.

20 [여시니아 식중독, 난이도 하]

해설

④ 여시니아 식중독은 돼지가 주 오염원으로 도살장의 위생관리나 돈육 취급 시 주의해야 하며, 원인균은 저온균으로 냉장온도에서도 발육이 가능하므로 냉장 및 유통과정까지도 주의하지 않으면 쉽게 식중독이 유발될 수 있다.

제2회 최종 모의고사

01	02	03	04	05	06	07	08	09	10
②	③	②	①	③	④	②	④	①	②
11	12	13	14	15	16	17	18	19	20
③	①	②	②	①	②	③	②	④	②

01 [식품위생 미생물의 특성, 난이도 중]

해설

① 식품에 오염된 세균은 이분법을 통하여 빠른 속도로 증식함으로써 식품의 부패 및 식중독 사고의 주요인으로 작용하고 있다.
③ 곰팡이는 형태가 효모보다 크지만. 사람의 육안으로 관찰이 가능하며 가느다란 실 같은 형태의 균사(hypae)가 모여 균사체(mycelium)를 구성하고 있다.
④ 리케차는 바이러스보다 크기가 크고 원형, 타원형 등의 형태를 가지며, 바이러스와 같이 생체 세포내에서만 증식할 수 있다.

02 [식품위생관리, 난이도 중]

해설

① 조도 − 일반작업지역: 220 lux 이상, 부대시설: 110 lux 이상
② 작업은 바닥으로부터 60cm 이상의 높이에서 실시하여야 바닥으로부터의 오염을 방지한다.
④ 심한 노동을 필요로 하는 작업 시 실내의 온도는 13 ∼ 14℃가 적당하다.

03 [독성시험, 난이도 중]

해설

① 아급성독성시험 − 만성독성시험 시 투여량산정에 필요한 자료 제공
③ 변이원성시험 − 유전물질에 돌연변이 유발확인
④ 최기형성시험 − 태자의 발달 이상유무 확인

04 [자연독성분 구조, 난이도 중]

해설

② solanine(알칼로이드 배당체), temuline(알칼로이드), atropine(알칼로이드)
③ hyoscyamine(알칼로이드), cycasin(배당체), digitoxin(배당체)
④ amanitatoxin(peptide), scopolamine(알칼로이드), aconitine(알칼로이드)

05 [리스테리아 식중독, 난이도 중]

해설

③ 건강한 성인에게는 흔하게 일어나지 않으며, 대부분 무증상인 경우도 많다.

06 [유해성 식품첨가물, 난이도 상]

① 둘신 – 소화기능장애, 중추신경계 이상 유발, 혈액독, 적혈구의 생성억제 및 간종양
② 포름알데히드 – 소화작용의 저해, 두통, 위경련, 순환장애, 신장에 염증유발
③ 에틸렌 글리콜 – 체내에서 수산을 생성, 구토, 호흡곤란, 뇌와 신장에 장애유발

07 [감염병, 난이도 하]

① 인수공통감염병 – 바이러스 – 일본뇌염, 인플루엔자
③ 인수공통감염병 – 리케차 – 발진열, 쯔쯔가무시, 발진티푸스
④ 경구감염병 – 세균 – 파라티푸스, 성홍열

08 [밀가루 개량제, 난이도 하]

① L-히스티딘 염산염: 영양강화제
② 아황산나트륨: 표백제, 보존료, 산화방지제
③ 황산알루미늄칼륨: 산도조절제, 팽창제, 안정제

09 [파상열, 난이도 중]

① 브루셀라속은 나선형의 간균이 아니며, 비운동성이다.

10 [화학적소독제, 난이도 중]

㉠ 차아염소산나트륨 – 식품접촉기구 – 200ppm 이하
㉢ 과산화수소 – 점막소독 – 3%

11 [식품위생관련법규, 난이도 상]

① 위해식품 등을 회수해야 하는 경우, 회수계획량의 3분의 1 이상 회수한 영업자의 행정처분이 영업정지라면 정지처분기간의 3분의 2 이하의 범위에서 정지기간을 경감 해준다.
② 식품 등을 제조 · 가공하는 영업자는 자가품질 위탁시험 · 검사기관에 위탁하여 실시할 수 있다.
④ 제조연월일은 포장을 제외한 더 이상의 제조나 가공이 필요하지 아니한 시점을 말하며, 소분판매하는 제품은 소분용 원료제품의 제조연월일로 한다.

12 [식중독 지수, 난이도 하]

단 계	지수 구간
위 험	86 ~ 100
경 고	71 ~ 85
주 의	55 ~ 70
관 심	0 ~ 54

13 [곰팡이독 검출기준, 난이도 상]

① 식물성 원료 – aflatoxin B_1 – 10μg/kg 이하
③ 수수 – fumonisin – 4mg/kg 이하
④ 제조 · 가공 직전의 우유류 – aflatoxin M_1 – 0.5μg/kg 이하

14 [유기농약, 난이도 중]

② 유기인제나 카바메이트제의 경우 주로 급성독성을 유발한다.

15 [HACCP 적용업소 인증취소, 난이도 상]

HACCP 적용업소에 대한 조사 · 평가 결과, 시정을 명하는 경우 – 4가지 항목
① 조사 · 평가 결과 85퍼센트 미만 60퍼센트 이상을 받은 경우
② 영업자 및 종업원이 교육훈련을 받지 아니한 경우
③ 영업장 소재지 변경 또는 중요관리점 변경 시 변경신고를 하지 아니한 경우
④ 식품안전관리인증기준서에서 정한 제조 · 가공 방법대로 제조 · 가공하지 않은 경우

16 [지표미생물, 난이도 상]

② 식품 내 대장균군의 정성검사를 위해 유당배지법, BGLB 배지법, 데스옥시콜레이트 유당한천배지법 등을 시행한다.

17 [nitrosamine, 난이도 중]

③ N-nitrosamine은 가열처리로 함량이 저하되지 않는다.

18 [초기부패 판정, 난이도 하]

① 휘발성 염기질소: 30 ~ 40mg%
③ 트리메틸아민: 4 ~ 6mg%
④ 생균수 검사: 10^7 ~ 10^8CFU/g

19 [살모넬라 식중독, 난이도 중]

해설

④ 발병률이 다른 식중독에 비해 높지만, 치사율은 0.3 ～ 1%로 높지 않다.

20 [동물성 자연독, 난이도 중]

해설

② maitotoxin – 시구아테라 – 중장선 – 드라이아이스 센세이션

제3회 최종 모의고사

01	02	03	04	05	06	07	08	09	10
④	②	①	①	④	②	②	③	③	③
11	12	13	14	15	16	17	18	19	20
①	④	③	②	②	④	③	④	③	①

01 [항생물질, 난이도 중]

해설

④ 〈보기〉에 제시된 물질은 항생물질이므로 급 · 만성독성, 내성 균의 출현, 균교대증, 알레르기 발현 등의 문제점이 유발될 수 있다.

02 [기생충, 난이도 중]

해설

① 구충은 경구 및 경피감염 둘 다 가능하며, 토양에 피부가 직접 노출되는 것을 피해야 한다.
③ 요충은 크기가 작은 선충류로 항문주위에 산란하기 때문에 충란은 항문주위에서 발견된다.
④ 편충은 감염경로가 회충과 유사하나, 충란의 저항성은 회충에 비해 약하다.

03 [노로바이러스 식중독, 난이도 중]

해설

② 10 virion으로도 발병 가능하며, 잠복기는 24 ～ 48시간이다.
③ 예방백신으로 예방이 가능한 것은 로타바이러스이다.
④ 60℃에서 30분간 열처리시 불활성화 되지 않는다.

04 [식품의 변질 방지, 난이도 중]

해설

② 훈연은 식품에 독특한 향기와 광택을 주어서 기호성을 높이고, 건조에 따른 보존효과가 상승한다.
③ 가스저장은 산소를 낮추고 이산화탄소의 농도를 높여 보존성을 높이는 방법이다.
④ 염장을 하게 되면 삼투압이 증가하여 수분활성이 낮아지고 미생물의 생육억제가 일어난다.

05 [유해첨가물, 난이도 중]

해설

① 허용된 착색료 – amaranth
② 허용된 감미료 – neotame
③ 포름알데히드를 생성하지 않음 – sudan Ⅲ

06 [콜레라, 난이도 중]

해설

① 발열이 거의 없으며, 급성설사질환으로 불리운다.
③ 산이나 소독제에 대한 저항력도 약한 편이다.
④ 혈변을 동반하지 않는다.

07 [대장균군 정성시험, 난이도 상]

해설

① 정성시험 – 유당배지법, BGLB 배지법, 데스옥시콜레이트 유당한천배지법 등
③ 확정시험 – 가스 발생한 유당배지로부터 BGLB 배지에 접종하여 35 ~ 37℃에서 24±2시간 배양
↓
가스발생을 보인 BGLB 배지로부터 Endo 한천배지 또는 EMB 한천배지에 분리 배양
④ 완전시험 – Endo 한천배지나 EMB 한천배지에서 배양된 전형적인 집락 1개를 보통한천배지 또는 Tryptic Soy 한천배지에 접종하여 35 ~ 37℃에서 배양

08 [HACCP, 난이도 중]

해설

① 정기교육(연1회) – HACCP 팀원 – 4시간
② 신규교육 – 영업자 – 2시간
④ 신규교육 – HACCP 팀장 – 16시간

09 [방사선 살균법, 난이도 중]

해설

③ 방사선을 조사한 완제품의 경우 소비자가 알아보기 쉬운 곳에 10포인트로 조사처리 식품임을 표시해야 한다.

10 [산화방지제, 난이도 하]

해설

③ sodium dehydroacetate: 보존료

11 [PCB, 난이도 중]

해설

② 2개의 벤젠고리가 2개의 산소와 결합하여 3개의 고리를 가지는 구조를 지니는 것은 다이옥신이다.
③ polycarbonate와 epoxyphenolic 수지 생산의 원료로 사용되는 것은 비스페놀 A이다.
④ 열가소성 수지 제조를 위한 가소제로 사용되는 것은 프탈레이트이다.

12. [복어독, 난이도 하]

해설

④ 마비성 조개독에 대한 섭취 기준이다.

13 [식품관련법 소관부처, 난이도 중]

해설

① 축산물 위생관리법 – 식품의약품안전처
② 먹는물 관리법 – 환경부
④ 원산지표시법 – 농림축산식품부, 해양수산부

14 [식물성 자연독, 난이도 중]

해설

① zieren – 청산배당체
② gossypol – 폴리페놀
③ cycasin – 배당체
④ digitoxin – 배당체

15 [이물, 난이도 중]

해설

② 섭취과정에서 인체에 직접적인 손상을 줄 수 있는 이물은 3mm 이상 크기의 유리 · 플라스틱 · 사기 또는 금속성 재질의 물질을 말한다. 고무류는 인체의 건강을 해칠 우려가 있거나 섭취하기에 부적합한 이물에 해당된다.

16 [병원성 대장균, 난이도 중]

해설

① 병원성 대장균은 오염지표균으로 이용되지 않는다.
② 장관조직 침입성 대장균과 장출혈성 대장균과 달리 소량의 균으로 발병하고, 장관 독소원성 대장균은 다량의 균으로 발병한다.
③ 장출혈성 대장균은 쇠고기 분쇄육이 주 원인식품으로 사람 간 전파가 가능한 2급 법정감염병이다.

17 [식품위생감시원, 난이도 중]

해설

① 조리사는 해당되지 않는다.
② 식품위생감시원으로 임명된 최초의 해에는 21시간 이상 직무교육을 받아야 한다.
④ 1년 이상 식품위생행정에 관한 사무에 종사한 경험이 있는 자는 식품위생감시원으로 임명할 수 있다.

18 [곰팡이, 난이도 중]

해설

④ 대부분의 곰팡이는 약산성인 pH 4 ~ 6 사이에서 잘 자라며, pH 2 ~ 8.5의 넓은 범위에서 증식 가능하다.

19 [작업장의 위생관리, 난이도 중]

해설

① 냉장고는 식품온도를 10℃ 이하로 보존 시 사용한다.
② 검수 및 반입실은 오염구역(일반구역)으로 구분된다.
④ 냉장고 맨 위 칸에는 조리된 식품을, 맨 아래 칸에는 생 닭고기를 저장한다.

20 [*Fusarium* 속 생성독소, 난이도 중]

해설

② 8-methoxy psoralen – *Sclerotinia* 속
③ ergotamine – *Cleviceps* 속, sporidesmin A – *Pithomyces* 속
④ alternariol – *Alternaria* 속

제4회 최종 모의고사

01	02	03	04	05	06	07	08	09	10
②	④	④	①	①	③	③	④	②	①
11	**12**	**13**	**14**	**15**	**16**	**17**	**18**	**19**	**20**
④	④	①	②	①	③	④	③	①	①

01 [방사선조사식품, 난이도 중]

해설

② 〈보기〉에서 설명하는 시험법은 방사선조사식품을 검지하는 방법 중 '유전자코메트 분석법'이다.

02 [동물성 자연독, 난이도 중]

해설

① Saxitoxin(STX)의 치사율은 15% 정도이다.
② 모시조개, 바지락, 굴 등의 섭취로 중독될 수 있는 유독성분은 대표적으로 venerupin이다.
③ Ciguatera에 중독될 경우 소화기계 증상 및 전신마비, 호흡곤란, 온도위화감 등의 중독증상이 나타나고 치사율은 낮으나 경우에 따라 사망하기도 한다.

03 [자외선 조사법, 난이도 상]

해설

④ 살균력은 균의 종류에 따라 다르며 해충이나 곰팡이에 비해 세균이 효과적이다. 또한, 결핵균이나 바이러스에 대해서도 살균력을 나타낸다.

04 [HACCP 예비단계, 난이도 중]

해설

① 위해요소 분석은 예비단계가 아니며, HACCP 7원칙 중 1원칙에 해당한다.

05 [지질의 과산화물, 난이도 상]

해설

② 포화지방산은 산화에 안정하며, 불포화지방산의 이중결합이 많을수록 산화가 촉진된다.
③ 자연계에 존재하는 불포화지방산은 비공액형의 시스지방산으로 건강에 해롭지 않다.
④ 지질의 산패 척도를 나타내는 산가(acid value)가 높을수록 신선도가 저하된 유지임을 알 수 있다.

06 [식품위생법, 난이도 상]

해설

① 종업원 건강진단 항목 – 장티푸스, 폐결핵, 파라티푸스
② 건강 위해가능 영양성분 – 나트륨, 당류, 트랜스지방
④ 총리령으로 정하는 식품위생검사기관 – 식품의약품안전평가원, 지방식품의약품안전청, 보건환경연구원

07 [세균성 식중독, 난이도 중]

해설

① Yersiniosis는 맹장염과 증세가 비슷하여 맹장염으로 오인되는 사례도 있었다.
② 퍼프린젠스 식중독은 가열 조리된 후 실온에서 5시간 이상 방치된 식품이 원인식품이다.
④ *Yersinia enterocolitica*는 내염성을 지니지 않는다.

08 [인수공통감염병, 난이도 하]

해설

① 구제역은 인수공통이 아님
② 콜레라 – 경구감염병
③ 성홍열 – 경구감염병

09 [세균수 측정법, 난이도 상]

해설

② 표준평판법은 표준한천배지에 검체를 혼합 응고시켜 배양 후, 발생한 세균 집락수를 계수하여 검체 중의 생균수를 산출하는 방법이다.

10 [내분비교란물질, 난이도 중]

해설

① 프탈레이트는 발암성, 생식 및 발생독성, 유전독성을 모두 유발한다.

11 [세레우스 식중독, 난이도 중]

해설

④ 구토형은 식품 내 독소를 생성하여 식중독을 유발한다.

12 [바이러스, 난이도 중]

해설

① 바이러스는 인간을 비롯한 동식물의 세포나 세균세포에 기생하여 증식할 수 있다.
② $0.2 \sim 0.3\mu m$ 크기의 초여과성 미생물로 광학현미경을 통해서는 관찰이 불가능하다.
③ 유비저의 원인체는 바이러스가 아니다.

13 [세균성 및 바이러스성 식중독의 비교, 난이도 하]

해설

	세균성 식중독	바이러스성 식중독
특성	균에 의한 것 또는 균이 생성하는 독소에 의한 식중독 발생	DNA 또는 RNA가 단백질 외피에 둘러싸여 있는 형태
원인체 증식	온도, 습도, 영양성분 등이 적정하면 자체 증식 가능	자체 증식이 불가능하며 반드시 숙주가 존재해야 증식 가능
발병량	일정량(수백 ~ 수백만) 이상의 균이 존재하여야 발병 가능	미량(10 ~ 100) 개체로도 발병 가능
증상	설사, 구토, 복통, 메스꺼움, 발열, 두통 등	설사, 구토, 메스꺼움, 발열, 두통 등
치료	항생제 등을 사용하여 치료 가능하며 일부 균은 백신이 개발되었음	일반적 치료법이나 백신이 없음
2차 감염	2차 감염되는 경우는 거의 없음	대부분 2차 감염됨

14 [식품첨가물, 난이도 중]

해설

① 살균제, 제조용제 – 과산화수소
③ 착색료 – 이산화티타늄
④ 이형제, 피막제 – 피마자유

15 [과일·채소류의 부패, 난이도 중]

해설

② *Penicillium italicum* – 감귤류 연부병
③ *Rhizopus nigricans* – 고구마 무름병, 딸기 흑색 곰팡이병
④ *Sclerotinia sclerotiorum* – 셀러리의 홍부병

16 [식품위생법 정의, 난이도 중]

해설

③ 용기·포장이란 식품 또는 식품첨가물을 넣거나 싸는 것으로서 식품 또는 식품첨가물을 주고받을 때 함께 건네는 물품을 말한다.

17 [식물성 유독성분, 난이도 상]

해설

① 고시폴 – 장기출혈, 출혈성 신염, 심부전증
② 스코폴아민 – 뇌흥분, 심계항진, 호흡정지
③ 팔린 – 용혈작용, 콜레라상 증상, 구토, 설사

18 [기생충, 난이도 중]

① 만손열두조충의 제1중간숙주는 물벼룩이고, 2중간숙주는 개구리, 뱀, 담수어 등이다.
② 람블편모충, 톡소플라즈마, 트리코모나스는 원충류에 해당하며, 아니사키스는 선충류이다.
④ 동양모양선충은 소장에서 기생한다.

19 [조리과정별 온도와 시간, 난이도 중]

① 재가열 – 74℃ – 2시간 이내

20 [곰팡이독, 난이도 중]

② fumonisin – *F. moniliforme* – 옥수수 – 식도암
③ aflatoxin – *A. parasiticus* – 땅콩 – 간암
④ F-2 toxin – *F. graminearum* – 곡류 – 발정증후군

제5회 최종 모의고사

01	02	03	04	05	06	07	08	09	10
④	③	②	④	④	③	②	②	④	②
11	12	13	14	15	16	17	18	19	20
①	②	④	③	④	④	③	②	②	③

01 [식품 변질원인균, 난이도 하]

① *Cl. butylicum*은 통조림의 무가스 산패의 원인균이 아니다.
② *P. synxantha*는 우유의 황변과 관련된 균주이다.
③ *Alcaligenes viscolactis*는 우유의 표면 점패균이다.

02 [식품첨가물 분류, 난이도 하]

① 식품의 변질·변패를 방지하는 첨가물 – 보존료, 살균제, 산화방지제, 피막제
② 식품의 품질개량·품질유지를 위한 첨가물 – 품질개량제, 밀가루개량제, 증점제, 유화제, 이형제, 피막제, 안정제
④ 관능을 만족시키기 위한 첨가물 – 감미료, 착색료, 향료, 발색제, 표백제, 향미증진제

03 [어패류를 통해 감염되는 기생충, 난이도 하]

② 요충(*Enterobius vermicularis*)은 채소로부터 감염될 수 있는 기생충이다.

04 [방사성 물질, 난이도 상]

① 사람이 방사선을 쬐었을 경우의 영향정도를 나타내는 측정단위로는 시벨트(Sv)를 사용한다.
② Sr^{90}은 β선을 방출하며 Cs^{137}에 비해 물리적 반감기는 짧고, 유효반감기와 생물학적 반감기는 길다.
③ 생물학적 반감기는 물리적 반감기에 비해 기간이 줄어들 수도 있고, 길어질 수도 있으며 방사성 핵종에 따라 다르다.

05 [세균성 식중독, 난이도 중]

① 세레우스 구토형 – 독소형 – 내열성의 저분자 펩타이드
② 황색포도상구균 식중독 – 독소형 – 15% 식염농도에서 독소 생성 안됨
③ 보툴리누스 식중독 – 독소형 – 120℃, 20분 가열 시 파괴

06 [주석(Sn), 난이도 중]

해설

③ 과일·채소류 음료의 용출허용량은 150mg/kg(알루미늄 캔 이외의 캔제품에 한한다)이다.

07 [유전자변형식품, 난이도 중]

해설

① 최초로 유전자변형식품 등을 수입하는 경우, 안전성 심사를 받아야 한다.
③ 유전자변형식품임을 표시하고자 하는 경우, 12포인트 이상의 활자로 포장색과 구별되게 표시한다.
④ 분류학에 다른 과(科)의 범위를 넘는 세포융합기술을 활용하여 재배·육성된 농산물, 축산물, 수산물 등을 원재료로 하여 제조·가공한 식품 또는 식품첨가물은 유전자변형식품임을 표시하여야 한다.

08 [화학적 소독제, 난이도 중]

해설

① 승홍은 손소독에 이용할 수 있다.
③ 살균력과 침투력이 우수하여 가장 널리 이용되는 멸균용 가스는 에틸렌옥사이드이다.
④ 차아염소산나트륨은 결핵균에 효과가 떨어진다.

09 [바이오제닉아민, 난이도 상]

해설

10 [HACCP, 난이도 하]

해설

HACCP 7원칙
• 1원칙: 위해요소(HA) 분석
• 2원칙: 중요관리점(CCP) 결정
• 3원칙: 중요관리점 한계기준(CL) 설정
• 4원칙: 중요관리점에 대한 모니터링 체계확립
• 5원칙: 개선조치 방법 수립
• 6원칙: 검증절차 및 방법 수립
• 7원칙: 문서화 및 기록유지

11 [바이러스 식중독, 난이도 중]

해설

① 아데노바이러스는 겹가닥 DNA를 지닌다.

12 [영업의 허가 및 등록, 난이도 중]

해설

① 식품조사처리업 – 허가 – 식품의약품안전처
③ 공유주방운영업 – 등록 – 특별자치시장, 특별자치도지사, 시장·군수·구청장
④ 식품첨가물제조업 – 등록 – 특별자치시장, 특별자치도지사, 시장·군수·구청장

13 [장염비브리오 식중독, 난이도 중]

해설

④ 해산물 유통에 저온유통체계를 적용하여 오염된 균의 증식을 방지하는 것은 예방대책이 될 수 있다.

14 [HACCP, 난이도 하]

해설

㉠, ㉣ – HACCP 방식
㉡, ㉢ – 기존 위생관리방식

15 [식품첨가물 사용기준, 난이도 상]

해설

④ 치즈류 – sorbate – 3.0g/kg

16 [황변미독, 난이도 상]

해설

① citroeviridin – *Penicillium toxicarium* – 신경독, 경련, 호흡장애, 상행성 마비
② cyclochlorotin – *Penicillium islandicum* – 간장독, 수용성 함염소 환상 peptide
③ citrinin – *Penicillium citrinum* – 레몬색 같은 황색형광을 내는 페놀계 물질

17 [감염병, 난이도 상]

해설

① 1급 법정감염병(즉시신고) – 페스트 – *Yersinia pestis*
② 1급 법정감염병(즉시신고) – 탄저 – *Bacillus anthracis*
④ 3급 법정감염병(24시간 이내 신고) – 큐열 – *Coxiella burnetii*

18 [에임스법, 난이도 중]

해설

〈보기〉에서 설명하는 시험법은 변이원성 시험법의 하나인 에임스법이다.

19 [세균의 증식조건, 난이도 상]

해설

② 산소가 존재하지 않더라도 전자수용체가 있으면 호기성균이 어느정도 생육이 가능하고, 산소가 존재하여도 주위환경이 산화환원전위차가 충분히 낮으면 혐기성균의 생육이 가능하다. 양의 전위차를 가지는 조건에서는 호기성 미생물의 생육이 가능하고, 음의 전위차를 가지는 조건에서는 혐기성 미생물의 생육이 가능하다.

20 [자연독 식중독, 난이도 상]

해설

① alkaloid − scopolamine, colchicine / solanine − alkaloid glycoside
② polyphenol − gossypol / saponin − glycoside
④ protein − ricin / temulin − alkaloid

01	02	03	04	05	06	07	08	09	10
③	②	④	①	①	④	④	②	④	①
11	**12**	**13**	**14**	**15**	**16**	**17**	**18**	**19**	**20**
③	②	③	②	③	④	①	②	②	③

01 [식품위생감시원, 난이도 중]

해설

③ 외국에서 위생사 또는 식품제조기사 면허를 가지고 있는자로서 식약처장이 적당하다고 인정하는 자는 식품위생감시원에 임명할 수 있다.

02 [유독조개류에 위한 중독, 난이도 상]

해설

① 신경성패독은 유독플랑크톤인 *Ptychondiscus brevis* 속으로부터 생산된 brevetoxin에 의한 것으로 알려져 있다.
③ 기억상실성 패독의 유독성분은 굴, 진주담치, 홍합 등에서 검출된다.
④ 설사성패독의 허용기준은 Codex와는 동일하나, 대부분 국제기준이 동일하지는 않다.

03 [살균 · 소독법, 난이도 중]

해설

④ 증기소독법은 장시간 처리하여도 포자를 사멸할 수 없다.

04 [식품첨가물 용도, 난이도 상]

해설

② 철클로로필린나트륨 − 착색료
③ 염소 − 밀가루개량제
④ 유동파라핀 − 이형제, 피막제

05 [주석, 난이도 중]

해설

② 과일 · 채소류 음료의 주석 용출허용량을 150ppm 이하(알루미늄 캔 이외의 캔제품에 한함)로 규정하고 있다.
③ 인슐린이 그 수용체에 결합하는 것을 촉진하기 때문에 당을 유지하고 견디는 능력의 내당인자로 알려져 있는 것은 크롬이다.
④ TPT와 TBT는 유기 주석화합물이다.

06 [자외선 살균법, 난이도 중]

해설

① 결핵균, 티푸스균, 페스트균을 단시간에 사멸시킬 수 있는 방법은 직사일광법이다.
② 방사선 조사법에 대한 설명이다.
③ 자외선 살균법으로 완전살균이 가능한 것은 아니다.

자외선 살균법

장점	• 사용이 간편 • 모든 균종에 효과적 • 살균효과가 크고 균에 대한 내성을 생기게 하지 않음 • 피조사물의 변화가 거의 없음
단점	• 살균효과가 표면에 한정, 침투력 없음 • 그늘진 부분에 효과 없음 • 유기물(단백질) 공존 시 흡수되어 효과가 현저히 떨어짐 • 잔류효과 없음 • 장시간 조사 시 지방류의 산패가 일어남 • 인체 피부 손상

07 [바실러스 세레우스 식중독, 난이도 중]

해설

④ 쌀밥이나 볶음밥을 원인식품으로 감염되는 경우는 세레우스 구토형 식중독으로 평균 3시간의 잠복기를 거쳐 증상이 나타날 수 있다.

바실러스 세레우스 식중독

구분	설사형	구토형
독소	장독소(enterotoxin)	구토독소(emetic toxin)
특성	고분자 단백질 • 열에 불안정(이열성) • pH에 불안정 • 단백분해효소에 분해	저분자 펩타이드 • 열에 안정(내열성) • pH에 안정 • 단백분해효소에 분해되지 않음
원인 식품	향신료를 사용한 식품, 육류, 채소 수프, 푸딩, 바닐라소스	쌀밥, 볶음밥
잠복기	6 ∼ 15시간(평균 12시간)	1 ∼ 6시간
증상	설사, 어지러움, 복통, 구토(×)	메스꺼움, 구토, 심한복통, 설사
유사점	장관 내 독소생성 (*Cl. perfringens*)	식품 내 독소생성 (*Staph. aureus*)

08 [니트로사민, 난이도 상]

해설

② 가공육 제조 시 첨가되는 아질산나트륨과 육류에 존재하는 다이메틸아민이 반응하여 니트로소다이메틸아민이 생성되며, 이는 강력한 발암물질로 알려져 있다.

09 [식품안전관리인증기준, 난이도 중]

해설

① HACCP 인증을 받으려는 영업자에게 시설설비 등 개 · 보수 비용을 지원해준다.
② HACCP 적용업소가 아닌 영업자가 허위로 명칭을 사용 시 500만원의 과태료를 부과한다.
③ 정기조사평가 점수의 백분율이 85%인 경우 추가로 연 1회 이상의 기술지원이 실시되지 않는다.

10 [자연독의 원인 식품 및 구조, 난이도 중]

해설

② amanitatoxin – 7 ∼ 8개의 아미노산으로 이루어진 환상 peptide
③ solanin – 감자 – 알칼로이드 배당체
④ domoic acid – 신경흥분성 아미노산

11 [경구감염병, 난이도 중]

해설

③ 원인균이 코, 인두, 편도, 후두 등에 이비인후과 염증과 위막을 형성하며 38℃ 내외의 발열을 동반하는 것은 디프테리아이다.

12 [미생물검사, 난이도 중]

해설

① 주로 원유 중 오염된 세균의 총균수 측정에는 브리드(breed)법을 사용한다.
③ 통 · 병조림 등 멸균제품에서 세균의 발육유무를 확인하기 위해 세균발육시험을 시행한다.
④ 효모 및 사상균수 측정 시 포테이토 덱스트로오즈 한천배지, DRBC 한천배지 또는 DG18 한천배지를 사용하여 진균의 집락을 계수한다. 시험용액을 적절한 단계로 희석한 시험용액과 각 단계 희석액 0.1mL를 한천배지 2매 이상에 접종하여 도말하고 25℃에서 3일간 배양한 후 발생한 집락수를 계산한다.

13 [세균성 식중독 원인균주, 난이도 중]

해설

① 열저항성이 높으며 영유아에게 대장염, 뇌막염, 패혈증 등을 유발하는 균은 *Cronobacter sakazakii* 이다.
② *Campylobacter jejuni* 는 60℃, 30분 가열로 사멸할 수 있다.
④ *Salmonella typhi* 는 경구감염병인 장티푸스의 원인균이며, 살모넬라 식중독의 원인균으로는 *Sal. typhimurium*, *Sal. enteritidis* 등이 있다.

14 [초기부패판정, 난이도 하]

해설

㉠ 생균수: $10^7 \sim 10^8$ CFU/1g(1mL) – 생물학적 검사법
㉣ K값: 60 ∼ 80% 이하 – 화학적 검사법
㉤ 경도 및 탄성 저하 – 물리적 검사법

15 [곰팡이독, 난이도 중]

해설

① ochratoxin - *A. ochraceus*
② rubratoxin - 옥수수
④ 8-methoxy psoralen - 셀러리

16 [바이러스성 식중독, 난이도 중]

해설

① 로타바이러스는 외피가 없다.
② 로타바이러스는 주로 분변을 통한 경구감염이나 오염된 손에 의한 접촉감염으로 전파된다.
③ 아데노바이러스의 잠복기는 평균 7일 정도로 다른 바이러스보다 긴 것이 특징이다.

17 [위생 동물, 난이도 중]

해설

① 병원체의 기계적 전파나 생물학적 전파 등은 위생 동물의 간접적인 피해로 구분할 수 있다.

18 [HACCP 7원칙, 난이도 하]

해설

② 10단계(5원칙) - 개선조치 - 모니터링 결과 중요관리점의 한계기준을 이탈할 경우에 취하는 일련의 조치

19 [산화방지제, 난이도 중]

해설

① 산화방지제의 경우 산패가 진행된 유지에서는 효력이 떨어진다.
③ 토코페롤은 열에 대한 안정성이 가장 큰 편이다.
④ 몰식자산프로필은 철 등의 금속에 의해서 자색으로 착색된다.

20 [유해감미료, 난이도 중]

해설

① isomalt(이소말트)는 유해 감미료가 아닌 허용된 감미료이다.
② p-nitro-o-toluidine은 황색결정이다.
④ ethylene glycol은 물과 잘 섞이는 것으로 알려져 있다.

제7회 최종 모의고사

01	02	03	04	05	06	07	08	09	10
②	④	④	①	③	④	③	④	④	③
11	**12**	**13**	**14**	**15**	**16**	**17**	**18**	**19**	**20**
②	④	①	①	④	②	③	②	④	④

01 [미생물의 생육조건, 난이도 하]

해설

② 식품의 수분함량은 대기환경에 따라 달라지며, 상대습도가 높아지면 식품 내 수분함량이 흡습에 의해 증가한다.

02 [황변미독, 난이도 중]

해설

① Toxicarium 황변미는 *Penicillium toxicarium*이 생성하는 citreoviridin에 의한 것이다.
② 독성이 강한 신장독으로 신장에서의 수분 재흡수를 저해하여 급·만성의 신장증을 일으키는 것은 citrinin이다.
③ 염색체 이상유발, 출혈성폐부종, 뇌수종 등을 유발하는 것은 patulin이다.

03 [A형 간염, 난이도 중]

해설

④ 저온살균(60 ~ 65℃, 30분 가열)으로 사멸이 가능하지 않고, 조개류는 90℃에서 4분 이상 가열하도록 권고하고 있다.

04 [소독과 살균, 난이도 중]

해설

ⓒ 균의 증식을 억제 시켜 발효나 부패의 속도를 감소시키는 것은 방부이다.
ⓔ 식품조사에 대한 감수성이 큰 순서부터 나열하면, 해충 > 대장균 > 무아포형성균 > 아포형성균 > 아포 > 바이러스 순이다.

05 [캠필로박터 식중독, 난이도 상]

해설

① 다른 미생물과의 경쟁력이 강한편은 아니며, 특징적인 산소요구성에 의해 상온에서 수일밖에 생존하지 못한다.
② 잠복기는 2 ~ 7일 정도로 다른 식중독에 비해 긴 편이다.
④ 캠필로박터균은 Guillain-Barre 증후군과 관련성이 있으나, 특수한 혈액한천배지에서 배양 시 투명한 용혈환이 생성되는 현상은 아니다.

06 [영업, 난이도 중]

해설

① 총리령으로 정하는 식품을 제조·가공업소에서 직접 최종소비자에게 판매하는 영업은 즉석판매 제조·가공업이다.
② 영업자 및 종업원은 영업 시작 전 또는 영업에 종사하기 전에 미리 건강진단을 받아야 한다.
③ 기구 등의 살균소독제를 운반하거나 판매하는 사람을 제외한 채취, 제조 및 가공하는 종사자는 건강진단을 받지 않아도 된다.

07 [식물성자연독, 난이도 하]

해설

③ 은행 – 빌로볼, 메틸피리독신

08 [식품영업의 위생관리, 난이도 상]

해설

① 조리된 음식을 배식 전까지 상온에서 보관하는 경우, 조리 후 2～3시간 이내에 섭취를 완료해야 한다.
② 뜨겁게 배식되는 음식은 60℃ 이상에서 보존하면서 2시간 간격으로 온도를 측정한다.
③ 보존식은 매회 1인분 분량을 -18℃ 이하에서 144시간 이상 보관하여야 하며, 보관 기간 중 휴무일이 있는 경우 그 기간을 포함 시킬 수 있다.

09 [밀가루 개량제, 난이도 중]

해설

④ 밀가루 개량제에는 과산화벤조일, 과황산암모늄, L-시스테인 염산염, 아조디카르본아미드, 염소, 요오드산칼륨, 요오드칼륨, 이산화염소 등이 있으며, ㉠은 과황산암모늄, ㉡은 과산화벤조일에 대한 설명이다.

10 [HACCP 7원칙, 난이도 중]

해설

③ 중요관리점은 식품의 위해요소를 예방, 제어하거나 허용가능한 안전한 수준까지 감소시킬 수 있는 중요한 단계·과정 또는 공정을 말한다.

11 [유지산화생성물, 난이도 중]

해설

① 지질분해효소(lipase)에 의해 유리지방산과 글리세롤로 분해되어 불쾌한 냄새와 맛을 형성하는 것은 가수분해에 의한 산패이다.
③ 아미노기와의 반응성이 높은 DNA와 반응하는 발암성 물질은 말론알데히드이다.
④ TBA가는 유지류 변패 후기에 생성되는 말론알데히드를 측정하는 방법이다.

12 [살모넬라 식중독, 난이도 중]

해설

④ 살모넬라균은 포도당은 분해하나 유당과 설탕을 분해하지 못하고, methyl red test와 catalase test에서는 양성을 나타낸다.

13 [소독제, 난이도 중]

해설

㉠ 승홍 – 0.1% – 유기물 공존 시 효과 떨어짐, 단백질과 결합하면 응고
㉡ 크레졸 – 3% – 물에 잘 녹지 않고, 유기물에 의해 효과가 떨어지지 않음

14 [번식시험, 난이도 중]

해설

① 번식시험은 시험물질의 생식선 기능, 발정주기, 교배, 임신, 출산, 수유, 이유 및 태아의 성장에 미치는 작용정보를 얻기 위한 시험으로 차기세대의 축적효과의 유무에 대하여 검토하는 것이 주목적이다.

15 [유전자변형식품, 난이도 중]

해설

④ 대두, 옥수수, 카놀라, 면화, 사탕무, 알팔파는 유전자변형식품 표시대상 농산물이다.

16 [소독과 살균, 난이도 중]

해설

① 식품이나 환경 중에 있는 병원성 미생물을 죽여서 감염을 방지하는 조작은 소독이다.
③ 모든 미생물을 대상으로 무균상태로 하는 조작은 멸균이다.
④ 식품에 존재하는 세균의 증식 및 성장을 저지시켜 발효와 부패를 억제시키는 것은 방부이다.

17 [세균성 식중독, 난이도 중]

해설

① E. coli 0157:H7 – 소량감염 – 발열없음 – 쇠고기
② C. jejuni – 소량감염 – 38～39℃ – 오염된 닭고기
④ Cl. botulinum – 다량감염 – 발열없음 – 소시지

18 [유기농약, 난이도 중]

해설

㉠ 유기불소제, ㉡ 유기인제 또는 카바메이트제
① 유기불소제 – fussol, nissol / 유기염소제 – PCP
③ 유기불소제 – fratol / 유기염소제 – chlordane / 카바메이트 – NAC
④ 유기인제 – malathion, DDVP / 유기수은제 – PMA

19 [보존료, 난이도 중]

해설

④ 데히드로초산나트륨
- 수용성, 물이나 메탄올에는 잘 녹으며, 유기용매에는 잘 녹지 않음
- 가열이나 광선에 안정
- 곰팡이와 효모에 대해 강한 보존효과
- 젖산균이나 *Clostridium*에는 거의 효과가 없는 것으로 알려짐
- 비교적 독성이 강하며 만성독성에 관한 보고도 있음

20 [육류를 통해 감염되는 기생충, 난이도 중]

해설

① *Ancylostoma duodenale* – 구충 – 채소류
② *Stongyloides stercoralis* – 분선충 – 채소류
③ *Metagonimus yokogawai* – 요코가와흡충 – 어패류

제8회 최종 모의고사

01	02	03	04	05	06	07	08	09	10
③	③	①	①	③	②	④	③	②	①
11	**12**	**13**	**14**	**15**	**16**	**17**	**18**	**19**	**20**
③	①	③	④	④	④	④	①	④	②

01 [식품첨가물 사용기준, 난이도 상]

해설

① 버터류에는 소브산을 사용할 수 없다.
② 프로피온산나트륨은 빵류, 치즈류, 잼류에 한해 사용할 수 있다.
④ 면류에는 스테아릴젖산칼슘을 사용할 수 없다.

02 [감염병 원인체, 난이도 중]

해설

① 리케차 – Q열, 발진열, 발진티푸스 / 세균 – 파상열
② 바이러스 – 홍역, 유행성이하선염, 유행성간염, 천열 / 세균 – 파상풍
④ 원생동물 – 아메바성 이질 / 광견병 – 바이러스

03 [독버섯, 난이도 중]

해설

② 무스카리딘 – 광대버섯 – 동공확대, 뇌증상, 발작, 경련
③ 콜린 – 굽은외대버섯 – 무스카린과 유사증상
④ 코프린 – 두엄먹물버섯 – 알콜 분해 저해

04 [식중독, 난이도 중]

해설

① 식중독지수

위험	86 이상	85 ↑
경고	71 ~ 86 미만	71 ~ 85
주의	55 ~ 71 미만	55 ~ 70
관심	55 미만	54

② 식육에서 검출되어서는 안 되는 식중독균으로는 살모넬라, 장염비브리오, 리스테리아 모노사이토제네스, 장출혈성 대장균, 캠필로박터 제주니/콜리, 여시니아 엔테로콜리티카이다.
③ 의사나 한의사가 식중독으로 인한 사체를 검안한 경우에는 지체 없이 특별자치시장·시장·군수·구청장 에게 보고해야 한다.
④ 퍼프린젠스 식중독은 감염독소형 식중독이다.

05 [식품의 제조·가공과정 중 생성되는 유해물질, 난이도 중]

해설

③ 바이오제닉아민류는 미생물의 탈탄산반응으로 생성되는 분해산물로 발효온도 및 저장온도가 높을수록 생성률이 많아진다. 따라서 발효온도(40℃ → 30℃) 및 저장온도(37℃ → 4℃)를 낮춰 바이오제닉아민의 생성을 낮출 수 있다.

06 [바이러스, 난이도 중]

해설

① 바이러스는 DNA와 RNA 둘 중 하나를 가진다.
③ 노로바이러스의 경우, 백신을 통해 예방하기 어렵다.
④ 로타바이러스는 비교적 환경에서 안정한 편이다.

07 [경구감염병과 세균성 식중독 비교, 난이도 하]

해설

	경구감염병	세균성 식중독
①	미량의 균으로 감염 가능	다량의 균으로 감염 가능
②	2차 감염이 많고 대부분 파상적 전파	2차 감염이 거의 없고 종말감염
③	예방조치 거의 불가능	식품 내 균 증식을 막아 예방조치 가능

08 [발색제, 난이도 상]

해설

① 수용성 안나토는 착색료이다.
② 식육가공품, 어육소시지, 명란젓, 대구알염장품, 치즈류, 연어알젓 등에는 사용기준이 정해져 있으나, 기타 이외의 식품에는 사용할 수 없다.
④ 식육추출가공품을 제외한 식육가공품에 0.07g/kg 이하로 사용 가능하다.

09 [동물성 자연독, 난이도 중]

해설

② 광선을 쬐면 빨간피부가 생기며 화상을 입은것과 같은 피부염증이 생기는 것은 페오포바이드의 중독증상이다.

10 [바퀴, 난이도 중]

해설

① 먹바퀴 또는 검정바퀴와 비슷한 바퀴는 일본바퀴(가)이며, 우리 나라에 가장 많이 발견되고 크기가 가장 작은 것은 독일바퀴(나)이다.

11 [식품첨가물의 안전성 검사, 난이도 중]

해설

③ 살모넬라균을 이용하여 시험물질의 변이원성을 확인하는 시험법은 에임스법(ames test)으로 변이원성시험이다.

12 [위험성 결정, 난이도 중]

해설

① 위험성 결정(hazard characterization)은 위해요소의 노출량과 유해 영향 발생과의 관계를 정량적으로 결정하는 것으로 인체 혹은 동물 독성자료를 이용하여 독성값 및 인체안전기준을 설정하는 단계이다.

13 [신경독을 유발하는 곰팡이, 난이도 하]

해설

③ *Aspergillus vesicolor*는 간장독을 나타내는 sterigmatocystin을 생성한다.

14 [식중독균의 특징, 난이도 중]

해설

① Enterotoxigenic *E. coli*는 내생포자를 형성하지 않는다.
② *Cl. botulinum*은 식품 내에서 생성된 독소에 의해 식중독이 유발한다.
③ Enterotoxigenic *E. coli*는 60℃에서 20분 가열 시 사멸되므로 열에 대한 저항력이 약한 균주이다.

15 [지표미생물, 난이도 중]

해설

① 지표미생물의 경우, 기타 병원균보다 생존기간이 짧아서는 안된다.
② 지표미생물은 식중독 균주들을 개별적으로 검출하기 위한 것이 아니다.
③ 장구균은 대장균군에 포함되지 않는다.

16 [곰팡이독, 난이도 중]

해설

다. ergometrine - 맥각독, 자궁수축, 유산, 조산, 혈관확장
마. zearalenone - 발정증후군 / fumonisin - 식도암

17 [카드뮴, 난이도 중]

해설

④ 카드뮴은 농산물, 축산물 및 수산물에 대해 검출기준이 설정되어 있으며, 가공식품에 대해서는 기준이 설정되어 있지 않다.

18 [작업환경 위생관리, 난이도 중]

해설

② 냉동육류 또는 어패류의 경우 21℃ 이하 흐르는 물로 해동한다.

③ 일반작업실 및 성형실, 내포장실은 220룩스 이상을 유지하며, 원료창고, 화장실, 탈의실은 110룩스 이상을 유지한다.

④ 배수로는 퇴적물이 쌓이지 않아야 하고, 청결구역에서 일반구역으로 흐르도록 해야한다.

19 [알레르기 유발물질 표시, 난이도 중]

해설

① 바탕색과 구분되도록 별도의 알레르기 표시란을 마련하여 알레르기 표시대상 원재료명을 표시하여야 하며, 활자크기는 10포인트 이상으로 하여야 한다.

② 오리고기는 알레르기 유발물질 표시대상이 아니다.

③ 표시대상 식품 또는 식품첨가물을 원재료로 사용한 경우 함유된 양과 관계없이 표시해야하고, 대상식품으로부터 추출 등의 방법으로 얻은 성분도 포함된다.

20 [식품위생법, 난이도 중]

해설

① 집단급식소란 1회 50명 이상에게 식사를 제공하는 급식소를 말한다.

③ 100명 이하의 산업체도 집단급식소에 해당된다.

④ 용기 · 포장이란 식품 또는 식품첨가물을 넣거나 싸는 것으로서 식품 또는 식품첨가물을 주고받을 때 함께 건네는 물품을 말한다.

제9회 최종 모의고사

01	02	03	04	05	06	07	08	09	10
①	③	②	③	②	③	③	④	③	④
11	**12**	**13**	**14**	**15**	**16**	**17**	**18**	**19**	**20**
①	④	④	③	④	④	④	②	④	②

01 [설사성 패독, 난이도 중]

해설

① 설사성 패독을 일으키는 원인독소에는 okadaic acid, dinophysistoxin, pectenotoxin, yessotoxin 등이 있다.

02 [황색포도상구균, 난이도 중]

해설

① 가열조리 후 바로 섭취한 식품이나 살균우유 등에 의해서도 식중독이 발생되는 원인은 독소의 내열성 때문이다.

② 황색포도상구균 식중독은 치사율이 1% 정도로 사망하는 경우는 거의 없다.

④ 10 ～ 40℃, pH 6.8 ～ 7.2에서 독소생산이 가능하나, 10% NaCl 이상에서는 독소생성이 억제된다.

03 [식품의 부패 및 변질 방지, 난이도 중]

해설

② 식염의 미생물 생육저해기작
  • 삼투압이 높아져 식품이 탈수되어 건조상태에 이름
  • 염소이온의 살균작용
  • 미생물의 원형질 분리
  • 효소작용저해
  • 산소의 용해도 감소

04 [다이옥신, 난이도 중]

해설

③ 폴리스티렌은 식품용기에 끓는 물을 부어 단시간에 음식을 익히는 동안 단량체 등이 식품으로 전이되어 문제를 야기시킨다.

05 [유행성 간염, 난이도 중]

해설

① E형 간염의 경우, A형 간염과 달리 예방접종을 통해 예방하지 않는다.

③ E형 간염의 치명률은 3% 정도로 A형 간염(0.1 ～ 0.3%)에 비해 10배 정도 높다.

④ A형 간염의 잠복기는 15 ～ 50일, E형 간염의 잠복기는 22 ～ 60일 정도로 알려져 있다.

06 [위해평가, 난이도 중]

> 해설

① 사람이 위해가 되는 물질에 일상생활 및 식품문제 발생 상황에서 얼마만큼 섭취하는지를 확인하는 과정은 노출평가이다.
② 위해요소의 인체 노출 허용량을 산출하는 과정은 위험성 결정이다.
④ 위해요소의 인체 내 독성을 확인하는 과정은 위험성 확인이다.

07 [미생물 시험법, 난이도 중]

> 해설

① BGLB법의 경우, 정량분석은 불가능하다.
② 장염비브리오균 분리에는 oxford 한천배지가 이용되지 않는다.
④ 통·병조림 식품의 가온보존시험 시 시료 5개를 개봉하지 않은 용기·포장 그대로 배양기에서 10일간 보존한다.

08 [한계기준, 난이도 중]

> 해설

④ 한계기준에 해당하는 조건은 〈보기〉 이외에도 다음과 같다.
 • 가열 온도 및 시간(살균, 멸균, 튀김, 볶기, 굽기, 건조)
 • 세척 방법, 시간, 유량, 세척수 교체 주기
 • 급속동결, 동결건조 온도 및 시간
 • 여과망 크기, 교체주기, 여과 압력 등

09 [유해성 식품첨가물, 난이도 상]

> 해설

① 로다민 B – 적색의 염기성 타르색소
② 롱가리트 – 포름알데히드 용출
④ 에틸렌 글리콜 – 옥살산 생성

10 [식물성 자연독성분, 난이도 상]

> 해설

④ 독미나리의 시큐톡신은 맹독성의 지방족 불포화 고급 알코올이다.

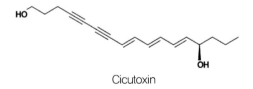

Cicutoxin

11 [노로바이러스, 난이도 하]

> 해설

① 원인바이러스는 식품에서 증식할 수 없으며, 저온에서 장기간 생존할 수는 있다.

12 [곰팡이, 난이도 중]

> 해설

④ 난형이나 타원형, 구형, 위균사형 등의 형태를 지니는 것은 효모이다.

13 [보툴리누스 식중독, 난이도 상]

> 해설

㉠ 원인균이 생성한 내생포자는 100℃에서 6시간 이상, 121℃에서 4분 이상 가열하면 사멸한다.
㉡ E형 균은 저온균으로 발육최저온도가 3.3℃이다.
㉢ 독소는 말초신경의 콜린 작동성 신경접합부에서 아세틸콜린의 유리를 저해함으로써 신경전달을 억제한다.

14 [biogenic amine, 난이도 중]

> 해설

① 미생물의 탈탄산반응으로 인해 생성되는 분해산물로 열에 안정하다.
② putrescine의 전구체는 ornithine이다.
④ 바이오제닉아민을 Group 1(인체발암물질)로 규정하고 있지 않다.

15 [채소류에서 감염되는 기생충, 난이도 중]

> 해설

① 인체내에서 흡혈과 출혈에 의한 빈혈, 전신권태, 현기증, 두통, 복통, 설사 등의 증상을 유발하는 것은 구충이다.
② 동양모양선충에 대한 설명이다.
③ 요충은 포낭을 지니지 않는다.

16 [인수공통감염병, 난이도 하]

> 해설

① 일본뇌염 : 바이러스, 인수공통감염병 / 천열 : 바이러스, 경구감염병
② 페스트 : 세균, 인수공통감염병 / 광견병 : 바이러스, 인수공통감염병
③ 유행성간염 : 바이러스, 경구감염병 / 폴리오 : 바이러스, 경구감염병

17 [식품첨가물, 난이도 중]

> 해설

④ 식품의 제조, 가공, 저장, 처리의 보조적 역할로 사용할 수 있으나, 식품의 제조, 가공과정 중 결함 있는 원재료나 비위생적인 제조방법을 은폐할 목적으로 사용되는 경우는 제외된다.

18 [소독과 살균, 난이도 중]

해설

① 70% 에틸알코올은 생활균에 대한 살균력이 매우 크므로 주로 손소독에 이용하고, 식기소독에도 사용할 수 있다.
③ 살균력과 침투력이 강한 멸균용 가스로 독성이나 인화성이 강한 것은 에틸렌옥사이드이다.
④ 역성비누는 결핵균이나 포자형성균에 효과가 없다.

19 [식품위생 및 식품위생법, 난이도 중]

해설

① 「식품위생법」에서 정의하는 식품위생이란 식품, 식품첨가물, 기구 또는 용기 · 포장을 대상으로 하는 음식에 관한 위생을 말한다.
② 식품위생은 식중독과 감염병으로 분류된다.
③ 버섯독, 복어독 등 유독물질은 내인성 위해요인에 해당하고, 곰팡이독은 외인성 위해요인에 해당한다.

20 [아플라톡신, 난이도 중]

해설

① aflatoxin B_1은 국제암연구소에서는 인체 발암성 Group 1로 분류하고 있다.
③ 아플라톡신 G_1은 자외선 조사 시 녹색 형광을 나타내는 것으로 열에 안정한 편이다.
④ 제조 · 가공직전의 원유 및 우유류에 대한 아플라톡신 M_1의 검출기준은 0.5ppb 이하이다.

제10회 최종 모의고사

01	02	03	04	05	06	07	08	09	10
②	③	①	①	①	①	④	③	②	②
11	**12**	**13**	**14**	**15**	**16**	**17**	**18**	**19**	**20**
①	①	④	③	③	②	①	①	①	③

01 [식물성 자연독, 난이도 중]

해설

① 감자 – 솔라닌 – 발아부위 제거
③ 면실유 – 고시폴 – 착유 시 충분한 정제
④ 독우산광대버섯 – 아마니타톡신 – 가열에 의해 파괴되지 않음

02 [장관출혈성 대장균, 난이도 중]

해설

③ 특히 어린아이들에게 있어서 감염의 2 ~ 7% 정도가 적혈구를 파괴하여 나타나는 용혈성 요독증후군을 일으킨다.

03 [식품 조사처리, 난이도 하]

해설

① 식품에 이용될 수 있는 방사선의 종류에는 Co^{60}에서 방출되는 감마선과 전자가속기에서 발생되는 10MeV 이하의 전자선을 들 수 있다.

04 [내분비계 장애물질, 난이도 중]

해설

① melamine은 내분비계 장애를 일으키는 환경오염물질이 아니다.

05 [식품첨가물 사용목적, 난이도 상]

해설

① 식품의 품질개량 및 품질을 유지하기 위해 첨가 – 알긴산칼륨(증점제)

식품첨가물의 사용목적에 따른 분류

식품의 변질 · 변패를 방지하는 첨가물	보존료, 살균제, 산화방지제, 피막제
식품의 품질개량 · 품질유지를 위한 첨가물	품질개량제, 밀가루개량제, 증점제(호료), 유화제, 이형제, 피막제, 안정제
식품제조에 필요한 첨가물	제조용제, 추출용제, 거품제거제, 껌기초제, 팽창제, 여과보조제
관능을 만족시키기 위한 첨가물	감미료, 산미료, 착색료, 향료, 발색제, 표백제, 향미증진제
식품의 영양가치를 강화하기 위한 첨가물	영양강화제

06 [HACCP, 난이도 중]

해설

② 위해요소 분석 시 보건상 위험이 높은 심각성을 지닌 위해요소를 CCP로 우선 결정하지는 않는다.

③ 중요관리점 결정도에서 확인된 위해의 관리를 위한 예방조치 방법이 있는 경우 다음 질문(질문3)으로 이동한다.

④ HACCP 적용업소 신규교육의 경우 인증일로부터 6개월 이내에 교육을 이수하면 된다.

07 [법정감염병, 난이도 하]

해설

④ 생물테러감염병 또는 치명률이 높거나 집단발생의 우려가 커서 발생 또는 유행 즉시 신고하여야 하고, 음압격리와 같은 높은 수준의 격리가 필요한 감염병은 제1급감염병이다.

08 [검체채취의 일반원칙 및 취급요령, 난이도 중]

해설

① 깡통, 병, 상자 등 용기에 넣어 유통되는 식품은 가능한 한 개봉하지 않고 그대로 채취해야 한다.

② 냉동검체의 경우 그 상태를 유지하면서 그대로 검체를 채취해야 한다.

④ 미생물학적 검사를 위한 검체는 가능한 미생물에 오염되지 않도록 단위포장상태 그대로 수거해야 하며 소분할 경우 멸균된 기구·용기를 사용하여 무균적으로 시행해야 한다.

09 [*Fusarium* 속, 난이도 중]

해설

① *Fusarium trincinctum* − T-2 toxin /
Fusarium roseum − deoxynivalenol

③ *Fusarium moniliforme* − fumonisin

④ *Fusarium sporotrichoides* − sporofusariogenin,
fagicladosporic acid, epicladosporic acid

10 [퍼프린젠스 식중독, 난이도 중]

해설

① 원인균주는 최적발육온도(42 ~ 47℃)에서 세대시간이 10 ~ 12분으로 매우 빠르다.

③ 식품 섭취 전 충분한 가열을 통해 원인균의 영양세포를 사멸할 수 있으므로 식중독을 예방할 수 있다.

④ 이화학적 처리에도 매우 안정하여 pH 2 ~ 11, 126℃, 90분 가열에도 실활되지 않는 것은 세레우스 구토독이다.

11 [지표미생물, 난이도 중]

해설

① 대장균은 시트르산을 탄소원으로 이용할 수 없어 구연산시험에서 음성을 나타낸다.

12 [식품의 변질 원인균, 난이도 중]

해설

② 고구마 흑반병 − *Ceratostomella fimbriata*

③ 식빵의 적색변패 − *Serratia marcescens*

④ 통조림 무가스 산패 − *Bacillus. coagulans*,
Bacillus. stearothermophilus

13 [중금속, 난이도 중]

해설

① 지용성이 높기 때문에 체내에서는 지질이 풍부한 뇌신경 세포에 분포하여 중추신경계에 독성을 나타내는 것은 유기금속이다.

② 식품 조리기구에서 물이나 탄산에 의해 생성된 녹청은 구리에 의한 것이다.

③ 조혈계, 중추 및 말초 신경계, 신장, 소화기계에 장애를 주며, 혈구를 만드는 산화효소를 억제시켜 빈혈이 발생하는 것은 무기납의 증상이다.

14 [기생충 중간숙주, 난이도 중]

해설

① 라 − 아니사키스 − 해산갑각류 − 해산어류 − 해산포유류

② 다 − 간흡충 − 왜우렁이 − 잉어, 붕어 등의 담수어

③ 가 − 광절열두조충 − 물벼룩 − 연어, 농어, 숭어 등의 반담수어 및 담수어

④ 나 − 선모충 − 돼지고기

15 [파라옥시안식향산 에스테르, 난이도 상]

해설

③ 그림의 구조를 지닌 식품첨가물은 '파라옥시안식향산메틸'과 '파라옥시안식향산에틸'이다. 대다수의 보존료와 달리 파라옥시안식향산 에스테르류는 pH에 영향을 받지 않는다.

16 [식품위생법, 난이도 중]

해설

ⓒ 병든 동물의 고기, 뼈, 젖, 장기 또는 혈액을 식품으로 판매해서는 안된다.

ⓒ 5년 이내에 다시 죄를 범한 자는 1년 이상 10년 이하의 징역에 처하며, 해당 식품을 판매한 때에는 판매금액의 4배 이상 10배 이하의 벌금을 병과할 수 있다.

17 [세균성 식중독 원인균주, 난이도 중]

해설

② 포자를 형성하지만, 섭취 직전에 충분한 가열을 통해 영양세포를 사멸함으로써 식중독을 예방할 수 있는 것은 퍼프린젠스균이다.

③ 살모넬라균은 *S. typhimurium*, *S. enteritidis*, *S. thompson*, *S. infantis*, *S. cholerasuis*, *S. derby* 등 다수의 균형이 식중독에 관여하는 것으로 알려져 있다.

④ 사카자키균은 그람음성 간균의 통성혐기성균이다.

18 [곰팡이독, 난이도 중]

해설

② *Pen. patulum, Asp. clavatus, Pen. expansum, Pen. urticae* 등은 patulin 생성균주로 알려져 있다.
③ maltoryzine은 신경독이다.
④ 원인 곰팡이는 냉장온도에서 증식하지 않으므로 습도 60% 이하, 10~15℃ 이하 건냉소 또는 냉장조건에서 보관하면 중독을 예방할 수 있다.

19 [방사성 물질, 난이도 중]

해설

② ^{137}Cs은 칼륨과 친화력이 강하며 식품과 함께 섭취되면 전신 근육에 분포하여 β선이나 γ선을 장기간 방사하게 된다.
③ ^{131}I 법정기준은 100Bq/kg 이하이다.
④ 몸 안에 들어온 방사성 물질의 절반가량이 우리몸의 대사과정을 거쳐 몸 밖으로 배출되는데 걸리는 시간은 대사반감기이다.

20 [식품 취급 시설, 난이도 중]

해설

① 벽과 창문의 접착부에는 경사주기를 하고, 벽면과 바닥사이에는 모서리를 둥글게 잇는 커빙 설비를 해야 한다.
② 조리장과 화장실의 창구에는 30 mesh 정도의 방충·방서용 금속망을 설치한다.
④ 창의 면적은 바닥면적의 20 ~ 30%, 벽면적의 70%로 설정한다.

( )년 ○○공무원 ○급 공개경쟁채용 필기시험 답안지

컴퓨터용 흑색싸인펜만 사용

책형	

(필적감정용 기재)
*아래 예시문을 옮겨 적으시오.

본인은 ○○○(응시자성명)임을 확인함

기 재 란

성명	
자필성명	본인 성명 기재
응시직렬	
응시지역	
시험장소	

응시번호

생년월일

※ 시험감독관 서명
(성명을 정자로 기재할 것)

적색 볼펜만 사용

문번	제 회			
1	①	②	③	④
2	①	②	③	④
3	①	②	③	④
4	①	②	③	④
5	①	②	③	④
6	①	②	③	④
7	①	②	③	④
8	①	②	③	④
9	①	②	③	④
10	①	②	③	④
11	①	②	③	④
12	①	②	③	④
13	①	②	③	④
14	①	②	③	④
15	①	②	③	④
16	①	②	③	④
17	①	②	③	④
18	①	②	③	④
19	①	②	③	④
20	①	②	③	④

(동일한 형식의 답안 기입란 제 회 표가 총 5개 반복됨 — 문번 1~20, 각 문항 ① ② ③ ④)

( )년 ○○공무원 ○급 공개경쟁채용 필기시험 답안지

생 년 월 일

⑩ ① ② ③ ④ ⑤ ⑥ ⑦ ⑧ ⑨	⑩ ① ② ③ ④ ⑤ ⑥ ⑦ ⑧ ⑨	⑩ ① ② ③ ④ ⑤ ⑥ ⑦ ⑧ ⑨	⑩ ① ②	⑩ ① ② ③ ④ ⑤ ⑥ ⑦ ⑧ ⑨	⑤ ⑥ ⑦ ⑧ ⑨

응 시 번 호

⑩ ① ② ③ ④ ⑤ ⑥ ⑦ ⑧ ⑨	⑩ ① ② ③ ④ ⑤ ⑥ ⑦ ⑧ ⑨	⑩ ① ② ③ ④ ⑤ ⑥ ⑦ ⑧ ⑨	⑩ ① ② ③ ④ ⑤ ⑥ ⑦ ⑧ ⑨	⑩ ① ② ③ ④ ⑤ ⑥ ⑦ ⑧ ⑨	⑩ ① ② ③ ④ ⑤ ⑥ ⑦ ⑧ ⑨	⑩ ① ② ③ ④ ⑤ ⑥ ⑦ ⑧ ⑨	⑥ ⑦

성명	
자필성명	본인 성명 기재
응시직렬	
응시지역	
시험장소	

컴퓨터용 흑색싸인펜만 사용

책형	

(필적감정용 기재)
*아래 예시문을 옮겨 적으시오.

본인은 ○○○(응시자성명)임을 확인함

기 재 란

제 회

문번	1	2	3	4
1	①	②	③	④
2	①	②	③	④
3	①	②	③	④
4	①	②	③	④
5	①	②	③	④
6	①	②	③	④
7	①	②	③	④
8	①	②	③	④
9	①	②	③	④
10	①	②	③	④
11	①	②	③	④
12	①	②	③	④
13	①	②	③	④
14	①	②	③	④
15	①	②	③	④
16	①	②	③	④
17	①	②	③	④
18	①	②	③	④
19	①	②	③	④
20	①	②	③	④

제 회

문번	1	2	3	4
1	①	②	③	④
2	①	②	③	④
3	①	②	③	④
4	①	②	③	④
5	①	②	③	④
6	①	②	③	④
7	①	②	③	④
8	①	②	③	④
9	①	②	③	④
10	①	②	③	④
11	①	②	③	④
12	①	②	③	④
13	①	②	③	④
14	①	②	③	④
15	①	②	③	④
16	①	②	③	④
17	①	②	③	④
18	①	②	③	④
19	①	②	③	④
20	①	②	③	④

제 회

문번	1	2	3	4
1	①	②	③	④
2	①	②	③	④
3	①	②	③	④
4	①	②	③	④
5	①	②	③	④
6	①	②	③	④
7	①	②	③	④
8	①	②	③	④
9	①	②	③	④
10	①	②	③	④
11	①	②	③	④
12	①	②	③	④
13	①	②	③	④
14	①	②	③	④
15	①	②	③	④
16	①	②	③	④
17	①	②	③	④
18	①	②	③	④
19	①	②	③	④
20	①	②	③	④

제 회

문번	1	2	3	4
1	①	②	③	④
2	①	②	③	④
3	①	②	③	④
4	①	②	③	④
5	①	②	③	④
6	①	②	③	④
7	①	②	③	④
8	①	②	③	④
9	①	②	③	④
10	①	②	③	④
11	①	②	③	④
12	①	②	③	④
13	①	②	③	④
14	①	②	③	④
15	①	②	③	④
16	①	②	③	④
17	①	②	③	④
18	①	②	③	④
19	①	②	③	④
20	①	②	③	④

제 회

문번	1	2	3	4
1	①	②	③	④
2	①	②	③	④
3	①	②	③	④
4	①	②	③	④
5	①	②	③	④
6	①	②	③	④
7	①	②	③	④
8	①	②	③	④
9	①	②	③	④
10	①	②	③	④
11	①	②	③	④
12	①	②	③	④
13	①	②	③	④
14	①	②	③	④
15	①	②	③	④
16	①	②	③	④
17	①	②	③	④
18	①	②	③	④
19	①	②	③	④
20	①	②	③	④